写作修养与
写作实践研究

王丽娟 ◎ 著

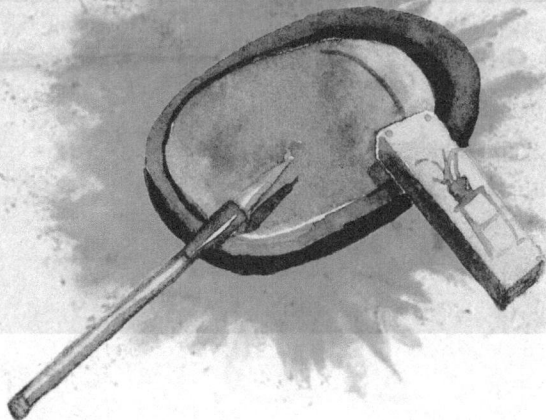

九州出版社
JIUZHOUPRESS

图书在版编目（ＣＩＰ）数据

写作修养与写作实践研究 ／ 王丽娟著. －－ 北京 ：
九州出版社，2023.3
　　ISBN 978-7-5225-1690-5

　　Ⅰ．①写⋯ Ⅱ．①王⋯ Ⅲ．①汉语－写作－教学研究
－高等学校 Ⅳ．①H15

　　中国国家版本馆CIP数据核字(2023)第040893号

写作修养与写作实践研究

作　　者	王丽娟
责任编辑	姬登杰
出版发行	九州出版社
地　　址	北京市西城区阜外大街甲35号 （100037）
发行电话	（010）68992190/3/5/6
网　　址	www.jiuzhoupress.com
印　　刷	三河市明华印务有限公司
开　　本	710毫米×1000毫米　　　16开
印　　张	12.5
字　　数	185千字
版　　次	2023年3月第1版
印　　次	2023年3月第1次印刷
书　　号	ISBN 978-7-5225-1690-5
定　　价	62.00元

自 序

　　本书是作者近年来对写作修养与写作实践问题不断思索的结晶，也融入了多年从事写作教学的经验和心得。

　　本书分上、下两编，共九个部分：上编为"写作修养篇"（从"导论"至第五章）；下编为"实践篇"（从第六章至第八章）。

　　上编，"写作修养篇"：

　　"导论"，为全书总起。论述"写作"和"文章"概念流变、"写作"的特点和"写作"的基本要素等写作基本规律问题。

　　第一章，中国传统写作理论发展脉络纵览。概述了自先秦至清末我国传统写作理论发展的脉络，重点分析写作理论历史长河中涌现的代表性论著及其主要观点。这一章的内容顺承"导论"，也是全书理论阐发的坚实根基。

　　第二章，写作主体内在修养面面观。主要从思想品德、文化、情志、生活四个方面对写作者内在修养问题进行分析论述，端正品行、静心读书、正确进行情感自我疏导、融入时代、热爱生活，是每一位写作者都应该具备的修为和涵养。

　　第三章，语言功夫养成论。从储词、造句、构段基本功，到思维、想象"语感"内敛能力，再到叙述、描写、说明、议论"语感"外化能力，还有"主与次""详与简"等几种基本辩证技法，理论联系实际展开论述。

　　第四章，行文过程修为论。从"材料"的聚集、选用，到文章"主题"确立、"结构"谋划，以及文章初稿撰写、修改定稿等问题，有的放矢地逐一进行解析，以层层递进的方式，次第展开论述。

第五章，文体专论。对"故事""散文""本科学位论文"三种常见文体分别进行阐述。

下编，"实践篇"：

第六章，当代散文作家个案研究。

第七章，菏泽文化名人个案研究。

第八章，"创意写作"服务菏泽地方文化的创新与实践研究。

不当之处，敬请各位专家、同行、朋友批评指正。

王丽娟

2023 年 1 月

目 录

上编 写作修养篇

下编 实践篇

上编

写作修养篇

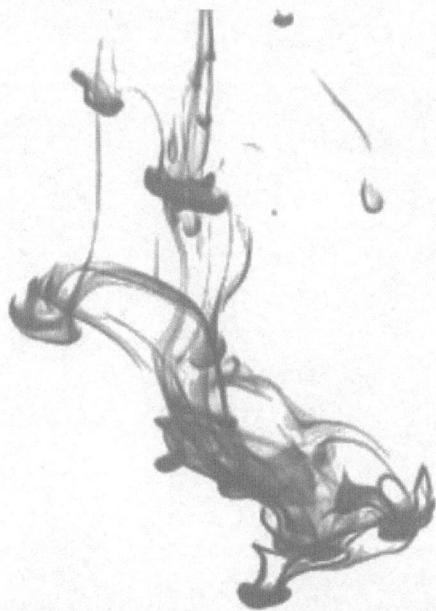

导论 "写作"概说

一、何谓"写作"

简单讲，写作就是写文章。写作同音乐、绘画、舞蹈等艺术形式一样，都是人类不可或缺的、生产精神产品的活动。

文章本意是错杂的色彩、花纹。《周礼·考工记》论绘画："画缋之事，杂五色……青与赤谓之文，赤与白谓之章。"青色与红色交错为"文"，红色与白色相交织为"章"。春秋战国时期的"文章"多有此义，比如，《庄子·胠箧》"灭文章，散五采，胶离朱之目，而天下始人含其明矣"，屈原《楚辞·橘颂》"绿叶素荣，纷其可喜兮。曾枝剡棘，圜果抟兮。青黄杂糅，文章烂兮"中的"文章"皆有色彩、花纹义。当时"文章"也有礼仪制度之义，比如《论语·泰伯》："巍巍乎其有成功也，焕乎其有文章！"其中"文章"就有礼仪制度义。两汉时期，文章开始有了文辞之义，比如《史记·儒林列传》记载汉武帝大臣公孙弘弘扬"儒术"的奏请言论："臣谨案诏书律令下者……文章尔雅，训辞深厚，恩施甚美。"

魏晋南北朝时期，文章含义与现代基本趋同，曹丕在《典论·论文》中说："盖文章，经国之大业，不朽之盛事。"也有称文章为"文翰""文笔"，如，《晋书·蔡谟传》："文笔论议，有集行于世。"《晋书·刘伶传》："未尝厝意文翰，惟著《酒德颂》一篇。"当时也盛行"文"与"笔"分流说，将有韵者称为"文"，无韵者称为"笔"，如刘勰《文心雕龙·总术》："今之常言：'有文有笔'，以为无韵者笔也，有韵者文也。"后世几经转折"文笔"逐渐演化成专指文章笔法、写作技巧。

至唐代，文章一词使用已非常普遍，比如，"始吾幼且少，为文章，以词为工"（柳宗元《答韦中立论师道书》），"文章千古事，得失寸心知"（杜甫《偶题》），"文章憎命达，魑魅喜人过"（杜甫《天末怀李白》）。

古人喜用单字，现代汉语中的文章在古代常被称作"文"，撰写文章也常叫作"为文""属文"等。比如，东汉班固《汉书·卷三十六·楚元王传第六》："歆字子骏，少以通诗书能属文召见成帝……为黄门郎。"西晋陆机《文赋》："每自属文，尤见其情。"

自宋代以后"作文"一词开始广为应用，比如唐宋八大家之一的范仲淹在《岳阳楼记》末尾表达了"先天下之忧而忧，后天下之乐而乐"的文人胸襟，也留下了千古名篇写作的时间线索："庆历四年春……嘱予作文以记之。"元初倪士毅为参加科举的士子文人著有《作文要诀》。明代学者魏校的《谕岭南学校师生》中有"先教之释字，直解大义……久之自知作文之法"的文章教学理念。清代文章家唐彪的"家塾作文法"《读书作文谱》，至今仍被我们奉为写作教学的宝典，其中像"文章惟多做始能精熟""文章全藉改窜""作文上乘功夫"等写作经验总结鞭辟入里。

20世纪初期，随着五四白话文学运动的兴起，尤其是现代语文学、现代写作学的开创与发展，"作文"一词的应用更加广泛。比如1922年由民智书局出版的陈望道先生的《作文法讲义》、1924年由商务印书馆出版的叶圣陶先生的《作文论》、1925年由中华书局出版的梁启超先生的《中学以上作文教学法》等。而现在，我们一般将小学、中学的写作教学称为"作文"，而把大学的写作教学称为"写作"，无论是作文课还是写作课，都是讲授如何学习写文章，只不过程度有深有浅，学习任务、目标不同而已。

现代人对"文章"的界定有很多种，比如《辞海》的释义："今统称独立成篇的、有组织的文字为文章"；《现代汉语词典》的释义："篇幅不很长的单篇作品""泛指著作"等。陈望道先生在《作文法讲义》中也曾给文章下过一个定义："文章是一种传达意思的工具……用文字传达意思的制作，就是文章……文章必由意思和文字两个元素融合而成"，这个定义可以作为《辞海》和《现代汉语词典》对"文章"释义的辅助理解。无论如何，"意思"和"文字"两个肯綮元素对文章而言一个都不能少，陈望道先生的提醒值得 100 年后的所有写文者深思。

"写作"概念界定版本也有很多种，比如：写作就是"写文章（有时专指文学创作）"（《现代汉语词典》）；写作是"用语言符号来传达信息的一种创造性精神活动"（林可夫主编《高等师范写作教程》）；写作是"运用语言文字反映客观事物、表达思想感情的一种社会实践活动"（朱伯石主编《写作与作文评改》）；写作是"以读者为对象，以交际和传播为目的，以记事、说理、表情、达意为内容，在社会生活中时刻需要的一种综合性的精神生产活动，活动的成果是写出成品"（吴伯威等主编《写作》）等。综合各家之言，"写作"既是一种以语言文字符号宣事、明理、表情、达意的创造性精神生产活动，也是一种以文章为产出成果的过程行为。写作过程行为的个体创造性、动态综合性、实践操作性、社会功用性特点非常突出。

二、"写作"四特点

（一）动态综合性

写作行为的一个突出特点是动态综合性。所谓综合性，就是说在写作行为过程中，写作者的写作行为与多种因素相联系，并受其影响、制约，没有这些因素的联系与制约、控制，写作行为就根本不可能产生任何写作成品。

写作行为是一种复杂、综合性的精神生产行为。从写作者必备的素养条件比如生活素养、文化修养、审美品位角度来看，哪一方面都不可忽视。所谓文如其人，一篇文章能反映出一个人的综合水平。从题材选择来看，写作涉及政治、经济、文化、教育、军事、外交及日常生活、娱乐、社交等各个领域。从内在运思层面理解，写作行为的综合性是整体性的，是一种思想与情感交织、想象与思维贯穿始终、生活体察与创造性构思并行不悖的心理活动。从写作显性层面来看，具体信息材料在被写作者分析、识别、研判之后通过创造性外化为语言文字的过程，是一个动态的螺旋式推进的文章生产流程。

（二）个体创造性

写作是一种高级精神活动，客观外界的人、情、事、理、景，无论是哪种写作原材料，都必须经过作者头脑观察、思索、整理、加工后通过书面语言文字形式表达出来。在整个写作过程中，作者始终是关键，起着主导作用。任何一篇文章写作都要受到作者本人的认识、经验、情感等等因素的制约，打上作者的主观个性烙印。因此，有"文如其人"之说。同为盛唐诗人，李白诗风的浪漫奔放、飘忽绝尘，杜甫的沉滞凝重、悲天悯人，王维山水田园诗的"诗中有画"、静雅空灵，孟浩然的闲适浅淡、清约超俗，高适边塞诗的雄厚浑朴、豪健悲壮，都和他们的身世、经历、个性喜好关系密切。

就像世界上没有两片完全相同的树叶、两张完全相同的面孔一样，任何两篇文章放在一起来看都应该是不相同的（除非抄袭）。这就要求并加强写作活动的"个体创造性"。写作，是一种创造性极强的劳动，需要作者具有可贵的首创精神，大胆实践，勇于探索，敢于创新，冲破思想禁锢，挣脱艺术陈规，创作出新的艺术品。特别是文学创作，更讲究创新。

陆机《文赋》中说："收百世之文，采千载之遗韵，谢朝花于已披，启夕秀于未振。"用形象的语言强调了诗文的创造性。

美国教师威廉·W.韦斯特在《提高写作技能》一书中说，"所有的写作都是创造性的"，所有的写作都包含着一种新的表达的"起源、发展、形成"的过程。即使写作者用的是"旧"的思想和二手材料，也是在创造着一种新的而且是唯一的表达方式，产生出"一些认真的、完全表达出你的性格和才能的""完全新的东西"。

比如，《红楼梦》第五回贾宝玉神游太虚境中，宝玉在警幻仙姑引领下聆听并看了原稿的"新制《红楼梦》十二支"，其实是曹雪芹为金陵十二钗专门量身打造的"自创北曲"（"北曲"即元曲），《终身误》《枉凝眉》《恨无常》《分骨肉》《乐中悲》《世难容》《喜冤家》《虚花悟》《聪明累》《留余庆》《晚韶华》《好事终》字里行间隐藏的是薛宝钗、林黛玉、贾元春、王熙凤等十二钗的悲凉命运。但集前代戏曲曲谱之大成、共收录"北曲"单体曲牌581个的《九宫大成南北词宫谱》（大约成书于1741年至1747年间），并不见《红楼梦》里的十二支曲牌名，而《九宫大成南北词宫谱》与曹雪芹《红楼梦》前八十回的成书时间（大约在 1744 年至 1754 年间）有交叠。曹雪芹在《红楼梦》中也借警幻仙姑之口表达了十二支曲不同于传统"北曲"的创新之处：非"尘世中所填传奇之曲"，不受"北曲"曲牌及声律格式限制，没有"生旦净末之则"，不合"南北九宫之调"，这是十二支曲为曹雪芹个人"自创"的证明。

（三）实践操作性

写作是作品的生产制作，既有学科的可研究性，也有术科的可成规训练性。写作的成规训练是通过一定的实践操作技术和操作程序来生成文章的主题、结构的过程。比如，西方具有 80 多年历史的创意"工作坊"教学模式被全世界各高校借鉴学习，从创意"头脑风暴"到分享、发表的写作过程环节（成规）训练方法，早已被证明在实际写作教学实践中有事半功倍的效果。

清代文论家刘大櫆在《论文偶记》中说："积字成句，积句成章，积章成篇。"语言文字是写作内在精神的外显方式，文学作品或文章是一字、一句、一章地积累而成的，但"合而读之""歌而咏之"才能"音节见""神气出"，我们可以理解为写作语言具有程序性、过程性的特征；另外，因为整个写作过程是作者即写作主体在"积字成句，积句成章，积章成篇"，通过音节的呈现表现某种精神气韵、某种情志，写作主体针对整个写作过程也具有清醒的意识性和控制性本能。

（四）社会功用性

早在两千多年前，我们的先秦圣贤们已开始重视文字的教化作用：后世圣人造"书契"，然后"百官以治，万民以察"（《周易·系辞下》）；《左传》将"立言"与"立德""立功"并举提出的"三不朽"说，进一步肯定了文章的社会功用性："太上有立德"，"其次有立功"，"其次有立言"（《左传·襄公二十四年》）。东汉王衡将写的社会功用内涵进一步扩大：作"载人之行""传人之名""劝善惩恶"（《论衡·佚文》）。魏晋时期曹丕将写作的意义上升到治国安邦层面："经国之大业，不朽之盛事。"（《典论·论文》）唐代以韩愈、柳宗元等为代表的古文运动倡导者们提出"文以明道"的文章治世理念；新乐府运动的代表作家白居易提出"文章合为时而著"，"歌诗合为时而著"的创作理念

（《与元九书》）。北宋理学家周敦颐在前人文"明道"基础上，更是旗帜鲜明提出"文以载道"思想，廓清了"文"与"道"的关系："文，所以载道也"，文不"载道"，犹如"虚车"徒饰而不济于用（《通书·文辞》）。

任何文类、题材的写作都是在特定的时空范围内向读者和现实敞开的写作，因此写作行为不但受到来自体系内部写作规范的制约，也会受到特定民族文化、时代精神、地域习俗、读者接受水平等因素的影响，写作是在真、善、美的追求和书写中一步步走向未来的。冰心先生说：一个时代有一个时代的文学。可以将之推而广之：一个时代有一个时代的写作。立于新的时代，习近平总书记明确提出：为繁荣发展我们的文化事业和文化产业，文艺工作者要坚持"以人民为中心"的创作导向，推出更多"增强人民精神力量"的优秀作品（见于 2022 年 10 月 16 日习近平总书记代表第十九届中央委员会向党的二十大所作的报告），这导引着我们写作方向和努力目标。

三、"写作"四要素

"写作"四要素包括：写作主体、写作客体、写作载体、写作受体。四要素相辅相成，共同构成完整的"写作"系统。

（一）写作主体

写作主体即从事写作的人，或称为写作者。作为整个写作行为实施者、操控者的写作主体的重要性毋庸置疑，离开了写作主体，写作行为就无法进行。写作主体不但要为整个写作行为定方向、选目标、创造性地加工各种信息材料，而且因为写作本身的个体创造性、动态综合性等特点，写作过程中，写作者思想、文化、用语水平等势必会影响到文章产出的质量，因此必须不断提升思想品德、文化、生活、书面语言表达等方面的修养。

（二）写作客体

写作客体是文章材料来源，既包括被写作主体发现、探察到的客观世界，也包括写作主体感受、体验、想象、认知到的主客交融之物，人、事、景、物、理无所不包。纯粹客观世界只是潜在写作信息"素材"，被写作主体关照之前构不成写作材料，只有渗透了写作者认知、情感的"素材"才能作为写作材料进入写作过程，写作客体品质的优劣是由写作主体的内在修养和审美眼光所决定的。

（三）写作载体

写作载体主要指纸、笔、电脑等写作工具、书面语言文字和文章。纸、笔、电脑是最直观的书写工具。熟悉现代汉语语音、词汇、语法知识是运用语言文字进行写作的前提，但口头语言不同于书面语言，有些人会说不一定会写，写作者必须通过长期系统的学习、揣摩和实践，才能轻松拥有书面语言写作本领，写出有一定篇章结构形式、能表情达意的文章出来。

（四）写作受体

写作受体主要指文章接受者，即读者或编审人员。一次写作活动的完成并不终止于写作者为文章画上最后一个标点符号；属于"后写作"行为的读者阅读、审核者审查评价，也会反过来影响写作行为的二度生成。文章写作之初，写作者就应该做好心理准备，对读者或编审人员的阅读期待有着最起码的了解和预估，并据此严格把关自己的整个写作过程。

第一章　中国传统写作理论发展脉络纵览

先秦时期开始发轫直至清末的我国传统"写作"理论，历经两三千年的发展，给我们留下了许多珍贵典籍资料和以资借鉴的经验，不同的历史阶段，"写作"理论的发展呈现出不同的面貌特色。

一、历史分期

先秦时期是传统"写作"理论的发端、源头，《周易》《尚书》《道德经》《左传》《论语》《孟子》《庄子》等先秦诸圣贤著作中都或多或少闪耀着启蒙期"写作"理论的光芒。理论的呈现形式主要是一些朴素写作观念的提出，文章也已经开始分体。后世"写作"理论中的写作主体道德修为的"养气"说、创作境界"虚静"说、强调文章社会功用的"立言"不朽说等理论源头都可以追溯到这一时期。

秦汉时期"写作"理论开始由朴素写作观念倡导向独篇式或专论式写作经验总结演进，比如总结《诗经》创作经验的《毛诗序》，是我国第一部诗歌创作专论。另外，在一些赋家、史家所撰文章中也可以看到对当时盛行的赋体的创作经验总结。东汉王充的《论衡》共30卷85篇，是我国第一部综合性的古代文论巨著。

魏晋南北朝时期是先秦至两汉"写作"理论的总结期。这一时期出现的西晋陆机的《文赋》和南朝齐梁间刘勰的《文心雕龙》两本著作，在我国传统"写作"理论发展史上占据着非常显著的位置。另外，魏文帝曹丕的《典论·论文》、南朝齐梁间钟嵘的《诗品》、南朝梁太子萧统组织编写的《昭明文选》

等也是这一时期出现的重要理论著作。

唐朝及以后的两宋时期是我国古代政治、经济、文化发生大变革的时期，也是古代文学发展的鼎盛期，散文、诗歌等文类有着令后世高山仰止的丰硕成果。这一时期"写作"理论的发展也在与文学交互影响中健步前行。韩愈、柳宗元等发起的古文运动，复兴先秦儒学传统，针对六朝以来骈文盛行风气提出复兴先秦散文写作传统。韩、柳等人提出"文道合一"创作理念，将写作与儒家之道相联系，对唐宋古文运动的兴起和发展影响深远。韩愈在《争臣论》中说："君子居其位，则思死其官；未得位，则思修其辞以明其道。"另外，韩愈的《答李翊书》、柳宗元的《答韦中立论师道书》、杜牧的《答庄充书》等文章，都引经据典将始于先秦道家学派，后经孟子、王充、刘勰等人贯注阐释的文"气"说继续发扬光大，认为写作者应该从儒家仁义道德层面入手加强自身修养，但都比较零散，没形成系统的文论著作。诗论著作主要有殷璠的《河岳英灵集》、皎然的《诗式》、司空图的《二十四诗品》等。

宋代文学在文、诗、词方面都取得了很大的成就，与之相对应的文论、诗论、词论也是硕果累累。文论方面的著作主要有《朱子语类·论文》、谢枋得的《文章规范》等。宋代出现新的诗论形式"诗话"，两宋之交许颢的《彦周诗话》有对"诗话"文体的界定："诗话者，辨句法，备古今，纪盛德，录异事，正讹误也。"朱光潜先生则认为"诗话"相当于我们现代的随笔体裁，"信手拈来，片言中肯，简练亲切，是其所长"（朱光潜《〈诗论〉抗战版序》）。除欧阳修的《六一诗话》外，两宋之交叶梦得所著的《石林诗话》，南宋张戒的《岁寒堂诗话》、姜夔的《白石老人诗话》、严羽的《沧浪诗话》等对传统诗歌理论的丰富也作出了很大贡献，其中以严羽的《沧浪诗话》诗论体系最完备、对后世的影响也最大。词起于晚唐盛于两宋，词论也是随着词的兴盛产生于宋代的新的创作论形式，主要有李清照的《词论》、王灼的《碧鸡漫志》、沈伯时的《乐府指迷》，以及宋元间张炎的《词源》等。

元明清时期是古代写作理论整理、汇集时期。

这一时期小说、戏曲创作得到超越前代的繁荣发展。小说方面的成就主要有：元末明初有施耐庵的《水浒传》、罗贯中的《三国演义》，明代吴承恩的

《西游记》、冯梦龙辑纂的"三言"、凌濛初辑纂的"二拍";清代西周生的《醒世姻缘传》、蒲松龄的《聊斋志异》、吴敬梓的《儒林外史》、曹雪芹的《红楼梦》等。起于唐宋兴于元大德年间的元杂剧(以"北曲"形式创作),代表作有关汉卿、王实甫、马致远、白朴、纪君祥等人创作的《窦娥冤》《西厢记》《汉宫秋》《梧桐雨》《赵氏孤儿》等,明代杂剧逐渐向"传奇"戏曲转变(以"南曲"形式创作),代表作有汤显祖、沈璟、梁辰鱼等人创作的《牡丹亭》《义侠记》《浣纱记》等,清代有孔尚任、洪昇等人创作的《桃花扇》《长生殿》等。

元明清小说、戏曲创作的繁荣,也带动了戏曲、小说理论的发展。明代李贽评点《西游记》和《水浒传》,明末清初金圣叹评点《水浒传》,清代脂砚斋评点《红楼梦》等是小说理论方面的成就。戏曲理论方面有明初朱权的《太和正音谱》,明中期徐渭的《南词叙录》、王骥德(徐渭弟子)的《曲律》、沈璟的《南九宫十三调曲谱》、徐复祚的《曲论》,明晚期沈德符的《顾曲杂言》、明末清初李渔的《闲情偶寄》等,其中以《南词叙录》《顾曲杂言》《闲情偶寄》的影响较大。

在继承前人丰厚成果的基础上,元明清三代诗文理论方面的研究也进入了成熟、收获期:元代李淦的《文章精义》、杨载《诗法家数》、倪士毅《作文要诀》、陈绎曾《文说》;明代谢榛的《四溟诗话》、李贽的《焚书》、胡应麟的《诗薮》、顾炎武《日知录》、王夫之《姜斋诗话》;清代叶燮的《原诗》、李颙的《二曲集》、唐彪的《读书作文谱》、刘大櫆的《论文偶记》、袁枚的《随园诗话》、赵翼的《瓯北诗话》、刘熙载的《艺概》、林纾的《春觉斋论文》、王国维的《人间词话》等。

二、各历史阶段有代表性的著作及观点

(一)先秦时期

《周易》是我国最古老、最深邃的一部传统文化典籍,被尊为儒家"五经"之首,由"经"(包括"乾""坤"等六十四卦)和"传"(包括"系辞""彖""象""文言""说卦""序卦""杂卦"七种十篇)两部分组成。《周易》

提到了文字社会教化作用：上古"结绳而治"，后世圣人则以"书契"替而代之，然后"百官治，万民察"（《周易·系辞下》）；并且还将"修辞"与"居业"相联系，君子"忠信""所以进德"，而"修辞立其诚"，"所以居业也"（《周易·文言》）。君子内修"诚"、外修"辞"，则可以保有功业。

《尚书》是我国上古历史文献汇编，也是我国第一部初备形制的古代散文著作，春秋战国时期诸子散文的兴盛即是对《尚书》的承继与发展。《尚书》已分典、谟、诰、誓、训、命等6种文体。从《尚书》简略的记言、记事中也能看到孔子《诗经》"兴、观、群、怨"功用说的来路。比如，《尚书·夏书》中的《五子之歌》是因"怨"而作："太康失邦……五子咸怨"，太康五弟为表达心中郁结不满而"述大禹之戒"以"作《五子之歌》"；《甘誓》是因"群"而作：夏启以有扈"侮五行""弃三正"之名"与有扈战于甘之野"，战前为提振士气便召集"六卿"训勉："六事之人，予誓告汝。"而《尚书·周书》中的《洪范》则是因"观"而作：周武王不知如何安定天下，问询箕子，箕子以"五行""敬用五事""农用八政""协用五纪""建用皇极""义用三德""明用稽疑""念用庶征""向用五福"即一般所谓的"洪范九畴"提供给武王参考、观照。《尚书·舜典》还有借舜之言反映先秦对诗歌本质认识的："诗言志，歌永言，声依永，律和声"的"诗、歌、声、律"说，被认为是我国诗歌理论的"开山"纲领。

老子在《道德经》提出"虚""静"论（"致虚极，守静笃"），庄子则将老子的"虚""静"理念合二为一阐发为"虚静"说。庄子认为"虚静"即是人在精神上达到的与"道"合一的境界——"虚静恬淡、寂寞无为者"，是"道德之至""万物之本"（《庄子·天道》）。庄子还认为"休则虚，虚则实"，"虚则静，静则动"，"虚静"是从内心深处去除各种束缚与障碍而至的"大明"境界。庄子还形象生动地通过《养生主》《达生》等篇中"庖丁解牛""梓庆削木为鐻""工倕旋而盖规矩"等能工巧匠靠心灵宁静专一达到技艺出神入化至境的故事，来说明心无旁骛、不受外界纷扰的"虚静"境界对德行修养的重要性。老、庄虽没有直接将"虚静"说付诸创作评论，但"虚静"说对先秦以后历朝历代主体修养、批评鉴赏等创作理论的影响都非常深远。

《左传》，又称《春秋左氏传》，是我国最早的、叙事较为完备的编年体著作，以春秋时期鲁国十二国君在位的先后顺序为纲编撰而成，对周王室及各诸国的礼仪制度、典章历法、社会风俗、圣贤言论等有不少较为详细的记述。《左传》对"言"的社会功用给予了肯定，将"立言"与"立德""立功"放在一起，提出了著名的"三不朽"说："太上有立德""其次有立功""其次有立言"，"此之谓不朽。"（《左传·襄公二十四年》）《论语》为孔子的弟子、再传弟子记录孔子言行的语录文集，共20篇。孔子以外修诗书礼乐、道德品行，内修忠诚信实来教化学生："子以四教：文，行，忠，信。"（《论语·述而》）文教被置于"四教"之首，提倡"学而时习"（《论语·学而》）、"温故而知新"（《论语·为政》）、"敏而好学，不耻下问"（《论语·公冶长》）、"学而不厌"（《论语·述而》）等求学之道。孔子也主张统治者以"修文德"服人：内修治，则远人服，"远人不服则修文德以来之"（《论语·季氏》）。孔子还谦虚地认为就学识而言自己犹能及人："文，莫吾犹人也"，但仍不能完全达到躬亲力行的君子之境界："躬行君子，则吾未之有得"（《论语·述而》），也因此力主"多闻""多见"，认为"知"的重要性在"闻""见"之后："多闻，择其善者而从之"，"多见而识之，知之次也"（《论语·述而》）。

（二）两汉时期

西汉毛苌注《诗经》附于《周南·关雎》后的"诗大序"，是我国第一部诗歌创作专论，对诗歌创作的动机、表现方法、社会功能等均有论述，"诗者，志之所之也，在心为志，发言为诗"的"诗言志"说对后世诗歌理论的影响深远。

扬雄的《法言·吾子》是关于西汉赋体创作经验的总结："诗人之赋丽以则，辞人之赋丽以淫。"

刘歆的《西京杂记》则记载了司马相如作《上林》《子虚》赋的创作体会："合綦组以成文，列锦绣而为质，一经一纬，一宫一商，此赋之迹也。"赋家之心，包括宇宙，"总览人物，斯乃得之于内，不可得而传"。

东汉王充的《论衡》共30卷85篇，是一部综合性的古代文论巨著，其中《本性》《气寿》《自纪》等篇在分析前代"性""气"说的基础上提出"性无善恶"与"养气自守"观点："性无善恶，是谓人才无高下也"，"人禀天地之性，怀无常之气"，而"圣人禀和气""气和为治平"。主张"养气自守"，以"笔札"之思"考论实虚"进行自我修为。《佚文》篇总结了先秦至汉代文章的盛衰兴亡，对写作"载人之行""传人之名""劝善惩恶"的社会功用性予以充分肯定，对从"定意"到阅读接受的写作全过程予以学理性阐释："贤圣定意于笔，笔集成文，文具情显，后人观之，见以正邪，安宜妄记？"同时也提出了抒真情去伪饰虚妄的文章创作原则："足蹈于地，迹有好丑"，"占迹以睹足，观文以知情"，还引用孔子的"《诗》三百，一言以蔽之，曰：思无邪"为佐证。《书解》篇继承并发扬了先秦的"立言"不朽说，并且思索、辨析口头语言表达与书面语表达的区别："出口为言，集札为文，文辞施设，实情敷烈。""或曰：'士之论高，何必以文？'答曰：'夫人有文质乃成。'""物以文为表，人以文为基。"王充《论衡》论题所涉极为丰富，其写作学意义有待世人不断挖掘。

（三）魏晋南北朝时期

魏文帝曹丕的《典论·论文》，不足 800 字，但是对"文气"说、文章体裁划分等问题的关注，导引了后世写作学理论的研究方向。《典论·论文》最早辨析"气"与"文"关系："文以气为主，气之清浊有体，不可力强而致。""至于引气不齐，巧拙有素，虽在父兄，不能以移子弟。"曹丕的文气"禀赋说"，在先秦两汉原始生命之气基础上也加入先天秉性义，认为写作者禀赋气质是文章创作风格的决定性因素。对文章社会价值极力推崇："盖文章，经国之大业，不朽之盛事。"因自身政治家兼文学家身份，曹丕将先秦、两汉传继的"立言"不朽观点被提升到治国安邦层面，"年寿有时而尽"，荣乐止乎其身，"未若文章之无穷"。《典论·论文》也开始给文章简单划分体裁，将文章分为"四科"："奏议宜雅，书论宜理"，"铭诔尚实，诗赋欲丽"。

西晋陆机近 2000 字的《文赋》，是一篇个人写作经验谈，也是一部以赋体形式写就的有完整篇章框架、构思精巧的写作行为过程论。全篇以写作过程中每一位写作者都可能遭遇的困境为话题，详细阐发了创作的艰辛历程，总论中对写作过程"意不称物，文不逮意"两重困境的高度理论概括，成为 20 世纪 80 年代我国现当代写作学界提出的"物—意—文"双重转化论的源头。陆机在魏文帝曹丕《典论·论文》将文体分为"四科"的基础上将文章更为详细地分为"十体"（包括"诗""赋""碑""诔""铭""箴""颂""论""奏""说"共十种文体），并且说明每一种文体的写作特点。结尾论及文章的社会功用：好文章可"被金石（钟鼎、碑碣）"而流芳百代，"流管弦（音乐）"而历久弥新。整篇《文赋》都是站在艺术创作的高度，以个人真实体会为出发点，用赋体语言对文章艰苦的运思过程进行铺张扬厉地阐发："遵四时"以叹逝，"瞻万物"而思纷；"观古今"于须臾，"抚四海"于一瞬；心灵感思，或"通"或"塞"，"来不可遏，去不可止"，但还必须"揽营魂""顿精爽"而殚精竭虑苦苦求索思路的畅通。从古到今的所有写作者应该都能对陆机出于真实感怀的"创作"经验谈表示认同。产生于1700多年前的《文赋》对后世写作学理论发展所做出的贡献也"被金石""流管弦"价值永存。

南朝齐、梁间文学批评家刘勰的《文心雕龙》全书共50篇，包括总论和分论共5个部分：自首篇《原道》至《辨骚》为第一部分，共5篇，阐明文学创作本源、准则，为全书基础、总纲，"心生而言立，言立而文明，自然之道也"（《原道》）。自第六篇《明诗》至《书记》为第二部分，共20篇，是文体论。每篇论一种或两三种文章类型，在曹丕《典论·论文》文分"四科"，陆机《文赋》文分"十体"的基础上，建构起包括30多类（80多种）的文章体裁的庞大文体论体系（包括"诠""赋""颂""赞""铭""箴""诔""杂文""史传""论""说""议"等），既探讨文类源流也品评作家创作得失，对当时文章创作崇尚的绮靡、骄奢风气予以批判：江左"篇制"、溺于"玄风"，嘲讽"徇务之志"，崇盛"忘机之谈"（《明诗》），艳歌"婉娈"、怨诗"诀绝"，并表示出了深切担忧：淫辞"在曲"，"正响焉生"（《乐府》）。

自第二十六篇《神思》至《总术》（除去第四十五篇《时序》），共19篇，为第三部分，论述创作过程、文与"气"的关系、文章风格、文辞声律等问题。《文心雕龙》将"气"与情性、"风骨"等连在一起：《体性》篇有"才力居中，肇自血气"说，"气以实志，志以定言，吐纳英华，莫非情性"，才力始源于生命之本性，而"气"可以充实情志，情志可以决定语言。《养气》由王充"验己而作"的"养气自守"开篇，论述"气"与养的关系、养"气"对文章写作的重要性：养"气"可以使情志自然顺和，若"从容率情，优柔适会"则"理融而情畅"。而最终"气"是否能在文章中得到和谐升华，必须要看作者之"学"是否充实、是否得法，刘勰在《神思》篇中强调"积学以储宝""酌理以富才""研阅以穷照""驯致以怿辞"，然后才能"寻声律而定墨""窥意象而运斤"，但若"学浅而空迟，才疏而徒速"却很难达到目的。在《体性》篇中强调学习要循序渐进"必先雅制，沿根讨叶，思转自圆"，认为学习效仿雅正作品培养好的写作习惯、根据个人性情培养才华，是写作指南："摹体以定习，因性以练才，文之司南，用此道也。"

《体性》篇还将创作风格分为"典雅""远奥""精约""显附""繁缛""壮丽""新奇""轻靡"共 8 种，刘勰的风格说开了后世风格说的先河。

第四部分包括《时序》（第四十五篇）、《才略》（第四十七篇）、《知音》（第四十八篇）、《程器》（第四十九篇）共 4 篇，探讨不同时代的文风，品评作家创作成就。

最后一篇《序志》为全书第五部分，是按照古人著书体例排在最后的作者"自序"，阐明《文心雕龙》的写作动机、写作原则、回溯全书主要内容，也表明作者的写作态度："盖《文心》之作也，本乎道，师乎圣，体乎经，酌乎纬，变乎骚。"

《文心雕龙》是我国写作学发展史上第一部体系完备的写作理论巨著，也是第一部博大精深、"深得文理"之道的文体论巨著。"龙学"是古代文论史上的一座丰碑，是研究传统写作理论的重要典籍，也是指导写作实践的重要范本。

几乎跟刘勰《文心雕龙》同时代产生的文论家钟嵘的《诗品》，是我国写作学理论发展史上的第一部诗歌论著。全书由序和卷上、卷中、卷下（每卷一"品"）四部分组成，"三品""略以世代为先后"，对自两汉至齐梁 122 位"才子"型诗人逐一品评，论其创作承传及得失。占全书三分之一篇幅的《诗品·序》是全书总论，探析自先秦以来的诗歌发展脉络，提出自己的诗歌理论见解与品鉴标准。被钟嵘列入"上品"的诗家包括李陵、班超、曹植、陆机、潘岳、左思、谢灵运等在内共 11 人；列入中品的包括曹丕、嵇康、张华、陶渊明、鲍照、江淹、沈约等在内共 39 人；列入下品的包括班固、曹操、王融等在内共 72 人。针对当时玄风盛行、重堆砌、夸饰的创作流弊表示担忧："拘挛补衲，蠹文已甚"，"文多拘忌，伤其真美"，认为写诗应"自然英旨"，不事雕琢。因而，钟嵘倡导"直寻"，即诗歌创作要抒发真情实感，认为凡古今好诗文"多非补假，皆由直寻"；也提倡"风力"，认为运用"兴""比""赋"，再"干之以风力""润之以丹彩"的诗的诗才是令人"动心"的诗歌佳品；还提出诗歌创作的"滋味"说创作理念，认为五言诗是"有滋味者也"，诗歌创作必须综合运用诗"三义"（"兴""比""赋"）才能写出"文已尽而意有余"即有滋味的好诗。同时表明《诗品》写作动机与诗家选录定品原则：只看中诗文质量，不看重"品第"，且有录有评不同于前人的只录不评，还有"止乎五言""生者不录"。后世对钟嵘的三品诗家分级方法虽褒贬不一，但他提倡的"直寻""风力""滋味"说创作理念，既有积极的现实意义，也有相当的学术理论价值。

梁太子萧统组织文人编选的《昭明文选》，是我国现存最早一部诗文总集，全书选录自先秦至梁代 100 多位作者的 700 多篇雅正文学作品，分为赋、诗、骚、檄、序、颂、碑文、祭文等共 38 类。编选者以"事出于沉思，义归于翰藻"为原则，主要收录情、采并茂的文学作品是其突出特点，有意识地将学术著作、奏疏之类应用文体排除在外，文学文体意识比前代显著增强。《昭明文选》在唐时期几乎与"五经"同样受重视，文人士子以精通《文选》为荣，宋代更是有"文章祖宗"之说。

（四）唐朝

韩愈的《原道》《原毁》《原性》《原人》《原鬼》"五原"系列文章，为唐代"古文运动"的纲领之文论。韩愈在《原道》篇中一再强调他之所谓"道"，是合乎儒家"仁与义"之"道"，是由尧、舜、禹、汤、周公传之孔子，再由孔子传至孟子，但"轲之死，不得其传焉"，人们应重拾"仁义"之"道"，注重"仁义"德行修养，学习《诗经》《尚书》等先秦典籍，才能得到内心的平和与宁静："以之为心，则和而平。"《原性》篇认为人之"性"有"上、中、下"三种品级，有"仁、礼、信、义、智"五种德行表现。上品人"性"极"善"、下品人"性"极"恶"，而中品人性通过引导可以提升（至上品）或下降（至下品）。《原毁》篇通过对责己"重以周"、待人"轻以约""古之君子"品行，与"详"责人、"廉"待己"今之君子"品行的对比分析，对唐中期官场和学界普遍存在的嫉贤妒能、打压后进的不良风气进行了抨击，彰显儒家先贤严于律己、宽以待人的立身处世之道。

韩愈的《答李翊书》是一篇向后学者倾心传授写作要领的书信体文论。在《答李翊书》中，韩愈首先申明以"文"传"道"的理念：君子"处心有道""行己有方"，被用就将"仁义"之"道"在世间广为推行，不被用就将它传给弟子"垂诸文而为后世法"。接着，韩愈依据自身读书、作文经验，阐述了正确学习作文的途径：学文要正，"非三代两汉之书"不观、"非圣人之志"不存；学文要专注，心无旁骛，处"若忘"、行"若遗"；勤于写作练习，将心中所思所想"注于手"时，不要忘记"陈言之务去"和悉心揣摩意旨的"醇正"；虚心向别人请教，且不惧非难与讥讽。这样长期坚持，文思就会从一开始的"汩汩然来"到"浩乎其沛然"，放开手脚驰骋笔墨就没有太大问题了。最后韩愈提出写作的终身修养说，"行之乎仁义之途""游之乎诗书之源"是写作者终其一生都必须要做的事情，"无迷其途，无绝其源"，"终吾身而已矣"，所以"不可以不养"。

柳宗元的《答韦中立论师道书》和《答李翊书》一样，也是一篇传授写作要领的书信体文论。《答韦中立论师道书》首先对"魏、晋氏以下，人益不事师"的风气进行批驳，赞扬韩愈"奋不顾流俗""收召后学"并写《师说》以醒世的可贵举动。其次表明了"文以明道"观：幼时写文章以文辞骈俪为工巧，长大成人"乃知文者以明道"，便不再以"务采色，夸声音"为能事。然后析解自己对待文章写作的严谨态度和以文辅"道"的方法：从不敢以"轻心掉之"，唯恐文意肤浅不深刻；从不敢以"怠心易之"，唯恐布局松散不严密；从不敢"以昏气出之"，唯恐思路晦涩又杂乱；从不敢"以矜气作之"，唯恐文势狂妄又做作。若欲使文章含蓄必"抑之"；欲使文章明快必"扬之"；欲使文气畅通必"疏之"；欲使文辞凝练、清雅必"廉之""激而发之"；欲使风格庄重必"固而存之"。另外，还强调了文源涵养以及博观广鉴对文章写作的重要性问题：文章求质朴"本之《书》"、求恒情"本之《诗》"、求恒理"本之《礼》"、求是非明断"本之《春秋》"、求变化"本之《易》";若想使文理通达"参之《孟》《荀》",若想使文情幽微"参之《离骚》",若想使文辞简洁"参之《太史公》"等。

殷璠的《河岳英灵集》是一部盛唐诗歌选集,全书由序和卷上、卷中、卷下4部分组成,共计选了24位唐开元、天宝年间诗人的代表作,共计"二百三十四首",像李白、王维、孟浩然、岑参、崔颢、王昌龄等我们耳熟能详的盛唐诗人都在入选之列。殷璠在《河岳英灵集·序》中对唐诗"开元十五年后声律风骨始备""去伪存真""翕然尊古"的诗歌发展趋势予以充分肯定。《河岳英灵集》不但收录诗人作品而且对每一位诗人的创作风格、艺术造诣都给出适当品评,比如选李白诗歌《蜀道难》《行路难》《将进酒》等13首,评点为:"白性嗜酒,志不拘检,常林栖十数载,故其为文章,率皆纵逸,至如《蜀道难》等篇,可谓奇之又奇,然自骚人以还鲜有此体调也。"选岑参《终南双峰草堂作》《观钓翁》《戏题关门》等7首,评点为:"参诗语奇体峻,意亦造奇。至如'长风吹白茅,野火烧枯桑'可谓逸才,又'山风吹空林,飒飒如有人',宜称幽致也。"这种选诗带"集论"的形式使得这部诗选在众多唐人选唐诗版本中显得独树一帜,其对盛唐众多诗家的品评文字也多为后世所称引。

《诗式》为诗僧皎然的一部唐代诗论著作,以"五格"为标准两汉至中唐诗歌中的几百条"名篇丽句"进行品评,全书共分五卷。"卷一"主要为诗歌创作原理,外加"序""中序"和第一格"不用事"。放在"卷一"开端的是总"序",交代著书目的"使无天机者坐致天机。若君子见之,庶几有益于诗教矣";接下来是作者"四不""四深""二要""六至""七德""五格""取境""文章宗旨""三不同语意势""辨体一十九字"等见解独到的诗歌创作宗旨;然后为"中序",自述《诗式》得御史中丞李洪、诗人吴季德等鼓励坚持撰写完成的波折过程;最后为"第一格不用事"。"卷二"至"卷五"分论"五格"的后四格:"作用事""直用事""有事无事""有事无事情格俱下"。"卷五"开篇作者再次强调了《诗式》的撰著目的:"使偏嗜者归于正气,功浅者企而可及。"

皎然认为诗歌创作"风韵"一定要正:"诗不假修饰,任其丑朴。但风韵正,天真全,即名上等。"强调"取境"对诗歌创作的重要作用,境界决定着诗的风格:"取境偏高,则一首举体便高;取境偏逸,则一首举体便逸。"但"取境"不易,"须至难、至险""与造化争衡"才可得见"天真挺拔之句",而诗人"取境"高,"意静"神往,则所作诗篇"格"便会高:"其气正,其体贞,其貌古,其词深,其才婉,其德宏,其调逸,其声谐",随之"佳句纵横若不可遏,宛若神助"。皎然又将诗之"比兴"等六义归于"情思",认为诗人"情思"无不蕴含于高、逸、贞、忠、节、志、德、诚、忠、怨、意、气、情、思、闲、达、力、静、远等19种诗体风格之中,"情""气""意"交互辉映、蕴含的境界是诗歌创作的最高境界:"风情耿耿曰气""缘情不尽曰情""气多含蓄曰思""情性疏野曰闲""心迹旷诞曰达",而"立言曰意","意中之静""意中之远"正是诗人通过造境摹景欲达到的"文外之旨"。皎然的"取境"论、"意蕴"论主张,对晚唐司空图、南宋严羽、清代王国维等人诗歌理论的形成均颇具影响。

唐末司空图的《二十四诗品》是诗歌品格论专著。《二十四诗品》在刘勰("八体")等人对文学创作风格探讨的基础上加以细化,以四言诗的形式将诗歌创作风格分为:雄浑、冲淡、纤秾、沉着、高古、典雅、洗练、劲健、绮丽、自然、含蓄、豪放等二十四"品"。每种风格都以十二句四言诗进行形象化描摹,结构工整,语言精美富有思辨性、哲理性,有些"品"格强调"韵外之旨"的诗歌气韵,如第一品"雄浑":"大用外腓,真体内充。反虚入浑,积健为雄。具备万物,横绝太空。荒荒油云,寥寥长风。超以象外,得其环中。持之非强,来之无穷。"第十一品"含蓄":"不著一字,尽得风流。语不涉己,若不堪忧。是有真宰,与之沉浮。如满绿酒,花时反秋。悠悠空尘,忽忽海沤。浅深聚散,万取一收。"有些"品"格强调"思与境偕"的诗歌意境,比如第四品"沉着":"绿杉野屋,落日气清。脱巾独步,时闻鸟声。鸿雁不来,之子远行。所思不远,若为平生。海风碧云,夜渚月明。如有佳语,大河前横。"第六品"典雅":"玉壶买春,赏雨茅屋。坐中佳士,左右修竹。白云初晴,幽鸟相逐。眠琴绿阴,上有飞瀑。落花无言,人淡如菊。书之岁华,其曰可读。"《二十四诗品》对后世文学风格论、境界论的发展有重大意义。

（五）宋朝

两宋之交叶梦得所著的《石林诗话》，分为"卷上""卷中""卷下""拾遗"共四卷。《石林诗话》述记、品评唐宋诗人及诗作，推崇"气格"，主张诗歌创作应注重"言"外之"意""意"与"境"的浑然交融。比如"卷上"评欧阳修诗歌："始矫昆体，专以气格为主"，接着又举欧阳修《崇微公主手痕诗》中两句"玉颜自古为身累，肉食何人与国谋"，气格"抑扬曲折""婉丽雄胜"，写诗言意"当如是"，"句中有力，而纤徐不失言外之意"。在"卷中""卷下"又推崇杜甫诗歌的"言外见意"与"气格"："'江山有巴蜀，栋宇自齐梁'……吞纳山川之气，俯仰古今之怀，皆见于言外"（评杜甫《上兜率寺》）；"老杜'细雨鱼儿出，微风燕子斜'……无一字虚设"，"读之浑然，全似未尝用力，此所以不碍其气格超胜"（评杜甫《水槛遣心二首》）。

欧阳修《六一诗话》，是我国最早以"诗话"命名的诗歌批评论著，一卷本，只有一句的书前序"居士退居汝阴，而集以资闲谈也"，交代此时为欧阳修晚年之作。《六一诗话》共 28 则，评述北宋诗人及作品者居多（其中论及好友梅尧臣的就占 12 则），间论唐人唐诗。《六一诗话》诗文创作理论最突出的贡献就是"意新语工"："意"新既指"得前人所未道者"，亦指"必能状难写之景，如在目前""含不尽之意，见于言外"，而最终"意"之新要落实在语言表现的新上，这是最难的："诗家虽率意，而造语亦难。""作者得于心，览者会以意，殆难指陈以言也"，又举唐诗工丽之句"县古槐根出，官清马骨高"，"柳塘春水漫，花坞夕阳迟"，"鸡声茅店月，人迹板桥霜"，"怪禽啼旷野，落日恐行人"加以形象证明。欧阳修反对诗歌语言的直白、浅俗："语涉浅俗而可笑者，亦其病也"，但也不赞成为"贪求好句，而理有不通"，即要讲求"事信"。

严羽的《沧浪诗话》由"诗辨""诗体""诗法""诗评""考证"五部分组成。《沧浪诗话·诗辨》篇侧重论述诗人的培养途径，篇首便是"夫学诗者以识为主"，严羽将"识"作为学诗的第一要义，严羽所谓的"识"涉及诗者审美修养、审美实践方方面面："入门"须正、"立志"须高，熟读《楚辞》、"乐府""汉魏五言"，然后博取盛唐名家，酝酿胸中，假以时日"自然悟入"。接着严羽又总结出诗歌五"法"、九"品"、三"用工"、二"大概"、一"极致"等艺术特点，认为"熟参"诗理是获得"真识"、自然入"悟"的正确途径，警惕"野狐外道"对"真识"的蒙蔽。严羽诗歌理论中的"别材""别趣"说广为流传，但人们一般会忽略《沧浪诗话·诗辨》篇中紧接"别材""别趣"非关"书""理"后的议论文字："然非多读书、多穷理，则不能极其至"，审美感受、审美趣味、审美能力的勃发终究要以"真识""熟参"为前提。《沧浪诗话·诗法》篇主要论述诗歌写作的篇法、章法、句法规律及语言修辞方面的问题：严羽认为若学诗先要去除"俗体""俗意""俗句""俗字""俗韵"即"五俗"，反对陈词滥调，主张诗歌创作的推陈出新，学诗者要"具正法眼""以汉魏盛唐为师"，不被"旁门小法"眩惑，从规范语言，修正"语病""语忌"等方面入手不断进行自身智识修养和审美能力的提升。《沧浪诗话》对创作主体内在修养、审美实践的强调对后世影响深远。

苏轼的思想表现出了吐纳百川、开阔放达、自由逸适的特点，在宋代文坛上独树一帜，这对于形成他独具面貌、"自是一家"的文艺理论观点有着直接的渊源关系。

"体用为本""有为而作"是苏轼对文章本末问题的看法。他在《答乔舍人启》一文中说："某闻人才以智术为后以识度为先，文章以华采为末而以体用为本。"所谓体用是以体实为用，强调对思想内容的表达。类似于《文心雕龙·序志》中的"体要"。苏轼这一主张贯穿于他的诗文批评理论中。他赞颜太初的诗文：先生之诗文，"皆有为而作"，如五谷可以"疗饥"、如药石可以"伐病"，这是以儒家为正宗的必然结果。苏轼推崇汉代疾时救世之文，指出时文之病"多空文而少实用"，慨叹贾谊、陆贽之学"殆不传于世"。

在诗歌理论中，他力倡"有为而作"。遭新党排挤，他写过许多政治讽刺诗，目的在"以诗托讽，庶有补于国"。他有意继承风、骚传统，针对现实弊病进行劝讽，"杂以嘲讽穷诗骚""感慨清哀似变风"，有感而发、醒诫世人。

在《南行前集叙》中苏轼说："己亥之岁，侍行适楚"，山川秀美，风俗朴陋，贤人君子之"遗迹"杂然"有触于中而发于咏叹"。由此看出，苏轼以为作诗必先有"耳目之所接"，激发了内在的情思，才能进行创作。因而苏轼很赞同欧阳修"诗穷而后工"的观点:"非诗能穷人,穷者诗乃工","此语信不妄,吾闻诸醉翁。"(《僧惠勤初罢僧职》)逆境中,他常常有触于中,感受到现实的酷烈,从而写出了那些情真意挚、声色动人的作品。

苏轼重视"体用",但并不忽视文章创作的艺术规律。他主张"文以达意"。要达意首先就要立意。青年时他就说:"有意而言,意尽而言止者,天下之至言也。"(《策略一》)他在晚年向葛延之讲作文之法时又说:"天下之事,散在经、子、史中,不可徒得,必有一物以摄之,然后为己用。所谓一物者,意是也。""不得意不可以用事。此作文之要也。"

达意重在达事物之理。"物固有理,患不知,知之患不能达之于口与手。所谓文者,能达事而已。"(《答虔·俞括》)文章要通过准确、恰当的艺术形式来表达自己的意旨、观点。文以达意的主张,是对古文运动中"文以明道"口号的修正和转变,苏轼对文章中的意持的是一种自由的态度,使文章在内容上获得了解放。在艺术形式方面,他重视作品的艺术价值,他认为在达意过程中,"了然于口与手",比"了然于心"更难做到。

与文以达意观点相联系,在诗文创作风格上苏轼崇尚自然天工。他赞谢民师的文章风格时说:"大略如行云流水,初无定质,但常行于所当行,常止于不可不止。文理自然,姿态横生。"(《答谢民师推官书》)这也正是他的文学见解所在,有意而言、意尽辄止,不受束缚。行文自然如行云流水,不只是一个表现方法的问题,而主要是一个感情表达的问题。有浓烈的情思勃郁于内,到了"不能不为"的地步。他在《文说》中又说:"吾文如万斛泉源,不择地皆可出",在平地滔滔汩汩,虽一日千里也不难做到;等到与"与山石曲折","随物赋形而不可知也"。这种崇尚自然的文章创作观主要针对当时不良文风而发。

诗歌创作一定要追求自然入妙,浑然天成。好诗不在字句的奇险、辞藻的华丽,而在于冲口而出天然自得。苏轼十分赞赏谢朓"好诗圆美流转如弹丸"的观点。诗歌流转圆熟、不假雕琢,妙造自然。无论写物、抒情都要"诗从肺腑出",反对"曲折拳曲以合规绳,曾不得自伸其喙"的作品。他赞柳宗元的诗说:《江雪》"人情有隔","殆天所赋不可及也已"。苏轼所以欣赏此诗,是因为柳宗元的这首五言绝句，非常自然地表现了作者高怀绝世的人格风貌，抒发了清峻悠远的性情，达到了自然天成的艺术境界。

苏轼认为诗歌创作还要追求"神似"，传达出客观外物之神。在《评诗人写物》一文中认为"诗人有写物之功"，他所言的诗人写物传神之功，就是要求在描写客观事物时，抓住个性特征，传出精神，反映出特有的本质，比如"桑之未落，其叶沃若"写桑惟妙惟肖，还有林逋《梅花》中的"疏影横斜水清浅，暗香浮动月黄昏"，绝非桃李诗写作可用；皮日休《白莲花》中的"无情有恨何人见，月晓风清欲堕时"，绝非红莲诗写作可用。

更重要的是，苏轼的诗贵传神要求传达出诗人内在的深远的神情意趣。这种观点体现在对陶诗的评论中："'采菊东篱下，悠然见南山。'因采菊而见山，境与意会，此句最有妙处。近岁俗本皆作望南山，则此一篇神气都索然矣。"（《题渊明饮酒诗后》）"望"不及"见"主要在于作者由"见"描绘出了自然景物幽静的神态，也表现出了诗人自由闲适的神情意趣。这与王国维评论宋祁《玉楼春·春景》中"红杏枝头春意闹"句所说的"著一'闹'字，境界全出"的意思是一样的。

另外，苏轼十分赞赏司空图的"味外味"说，在《书司空图诗》中，他说，"司空表圣自论其诗，以为得味于味外"，"棋声花院静，幡影石坛高"句工。苏轼主要欣赏司空图平淡文字中所透出来的一种闲情逸趣，这是苏轼一贯评诗旨趣所在。

在苏轼词论中，突出的一点是他认为作词应该"自是一家"。他在《与鲜于子骏书》中说：自己的词，"虽无柳七郎风味，亦自是一家"，这是对自己所作《江城子·密州出猎》的评论，这种"自是一家"的思想体现了他改革北宋词风的创新精神。苏轼之前，"诗庄词媚"，婉约词风被视为正宗。苏轼赞尚峻拔雄健词风："句句警拔，诗人之雄。"（《答陈季常》）他也并不否定其他的风格，如评黄庭坚的《渔父》词说："清新婉丽"，"此乃真得渔父家风也。"（《跋黔安居士渔父词》）苏轼评吴道子的画，曾说："出新意于法度之中"，"寄妙理于豪放之外"（《书吴道子画后》），用来概括苏轼自己的文艺理论特色再恰切不过。苏轼诗论、文论对北宋当时和后世都产生了很大的影响，宋代以后从未间断过。

李清照的《词论》是宋代第一篇见解独特、篇章结构相对完整的词论文章，也是写作理论发展史上第一篇女作家撰写的专论文章。《词论》写于南渡之前，全文只有六七百字，主要论述词的发展源流，旗帜鲜明地提出"词别是一家"说，将词与诗进行区分："盖诗文分平侧，而歌词分五音……五声……六律……清浊轻重"，并列举《声声慢》《雨中花》《喜迁莺》《玉楼春》等宋代流行词牌，具体论述词韵律协调的重要性，押对韵"则协"、押错韵"则不可歌矣"。对晚唐以降的诸多词人词风进行客观评价，比如评南唐李璟、李煜、冯延巳等李氏君臣："尚文雅"，语虽奇，但却是所谓哀以思的"亡国之音"；评价刘永："变旧声作新声……虽协音律，而词语尘下"等，有的放矢、一针见血，字里行间闪现着身为词坛才女眼光的敏锐与犀利。李清照的词学观点对于后世影响很大，明清李渔等的"上不似诗，下不似曲"作词标准与词"别是一家"说一脉相承。李清照的《词论》与她丰富绚丽、自成一家的词作都称得上是传统文学宝库中的珍藏。

《朱子语类》是宋代大儒、程朱理学集大成者朱熹与弟子们的问答语录汇编，南宋度宗咸淳六年（1270 年），由黎靖德整理当时流行的各种刊行本编撰而成（至今流传最广的版本）。洋洋 140 卷、200 多万言的《朱子语类》，体系庞大，内容涉及经、史、子、集各部类问题的解释与研讨。包括"理、气、性"论、"四书五经"论、"周、程、朱、老、庄"论、"学"论、"诗"论、"文"论等，比较全面、真实地反映了朱熹正统的儒家治学理念。

在"学"论（《朱子语类》卷第七至第十三）中，朱熹与弟子们探讨了"持守""读书法""力行"等学者为学"内外交相"修养之道：首先阐明自我"持守"与规矩"绳检"之间的关系，"心既常惺惺，又以规矩绳检之"，便"心常炯炯在此"，还举宁波台州瑞岩寺师彦禅师坐悬崖边修行时自问自答的例子加以形象说明。其次，强调"敬""静"的重要性："敬"字工夫乃"圣门第一要义"，不可"顷刻间断"，"敬则万理俱在"。"言忠信，行笃敬"，大凡"学者须先理会'敬'字"，敬是立脚处，"涵养须用敬，进学则在致知"，识其然更要"识其所以然"；"知止，而后有定……而后能静"；"静坐无闲杂思虑"，则"养得来便条畅"；心必须在"安静深固中涵养出来"。学者"须常收敛"，不可"放纵"，而"收敛"必须依靠"敬"与"静"。另外，朱熹还特别强调亲身"躬行""践履"的重要性："知之之要，未若行之之实"，应少说多行，事事都必须"自去理会，自去体察，自去涵养"，"书用你自去读"，"道理用你自去究索"。朱熹还谦虚地认为作为老师，"某"（朱熹自称）也只是"做得个引路底人……证明底人"，"有疑难处同商量"而已。

在"文"论（《朱子语类》卷第一百三十九、第一百四十）中，朱熹重新梳理了文、道关系：道为"文之根本"，文为"道之枝叶"，"先理会得道理了，方作文"，反对生硬"贯道"，"作文"时"讨个道来入放里面"是"大病"，"三代圣贤文章……文便是道"。朱熹也客观公允地评析了先秦至唐宋各家文章，认为文章越古越好："韩文力量不如汉文，汉文不如先秦战国"，对韩愈、柳宗元、欧阳修、曾巩、苏轼等人的文章应评尽评、不捧杀也不棒杀："韩文高。欧阳文可学"，欧公"文字锋刃利……议论亦好"，"欧公文字敷腴温润"；"曾南丰文字又更峻洁""文字依傍道理做，不为空言"；"欧公东坡亦皆于经术本领上用功"，"坡文雄健有余……大势好，不可逐一字去点检"。对于当时文坛"专务节字"、好"生面辞语"、喜"架空细巧"、厌"常格"等作文流弊提出批评，力主后生晚辈效古法正，书写"有气骨""靠实而有条理""依定格依本份"的文章："古人文章……平说而意自长"，"前辈文字有气骨，故其文壮浪"，"前辈做文字……依定格依本份……所以做得甚好"。至于"文字如何进工夫"，朱熹也给出中肯建议，比如若将"汉书及韩柳文"熟读"不到不会做文章"；作文字不要艰涩，"须正大"，"须教天下后世见之，明白无疑"，"须是靠实……不可架空细巧"；著述文章要有纲领，文字"无大纲领，拈掇不起"；文章不可太长，"照管不到，宁可说不尽"；文字"奇而稳方好。不奇而稳"只会萎靡等。《朱子语类》与朱熹《四书章句集注》等博大精深的理学著作一同，对南宋以及元、明、清三代文学理论、写作教育理论发展的影响都极其久远而深刻，比如"理气"论、"学"论、"文"论对南宋严羽《沧浪诗话》的影响、对清代唐彪《读书作文谱》的影响等。

《文章轨范》是宋末名儒谢枋得创作的一部指导宋代士子科举考试，但又不仅仅囿于科举一业的七卷本古文选评集：本着由易到难、由粗到细的文章研习宗旨，以"侯、王、将、相、有、种、乎"七字命名各卷，前两卷为"放胆文"，后五卷为"小心文"，共选录了自两汉至唐宋 15 位文章家的 69 篇文章进行逐一评点，其中选韩愈文 31 篇（包括《原道》《师说》《答李秀才书》《送孟东野序》等），选苏轼文 12 篇（包括《留侯论》《前赤壁赋》《后赤壁赋》等），选柳宗元、欧阳修文各 5 篇（包括柳宗元《与韩愈论史书》《晋文公守原议》、欧阳修《纵囚论》《春秋论》等），选诸葛亮、陶渊明、元结、杜牧、王安石、范仲淹、李觏、李格非、胡铨、辛弃疾文各一篇。

谢枋得认为"凡学文"，初要"胆大"，终要"小心"，因此卷一"侯字集"选文主要为"本于礼义，老于世事"，而又"合于人情"的所谓"豪荡"文，引导初学者"开广其胸襟，发舒其志气"，使之但见"文之易"，不见"文之难"，从而不受拘束地放胆写开去（《文章轨范·卷一》）。而熟识"侯字集""王字集"两卷中的"放胆文"要诀，使自己的写作功夫修炼到"笔无滞碍"、令试士场有司刮目的地步，就可以一步步地研习"将字集""相字集""有字集""种字集""乎字集"中"议论精明……文势圆活而婉曲""以清明正大之心发英华果锐之气""谨严简洁""才学识三高议论关世教古之立言不朽者""韩文公苏东坡二公之文皆自庄子觉悟……与庄子并驱争先"的"小心文"了。

《文章轨范》评点文章，注意用简明评语析解重点字词意、句意、段意，或评创作背景或评修辞技法或评风格特征等不一而足，一针见血，不空谈、不弄玄，对于帮助理解文章微言大义很有帮助，针对性和实用性强。

《文章轨范》开创了宋元明清评点派文学批评方式的先河，对现代写作教育学的发展有一定的启迪作用。

（六）元、明、清时期

《文章精义》为宋末元初理学家李淦（字者卿，朱熹的再传弟子）的文论著作（经李淦门生于钦集录刻印传世），共一卷。

《文章精义》开篇便将《易》《诗》《书》《仪》《礼》《春秋》《论语》《大学》《中庸》《孟子》这些先秦圣贤典籍推为文章创作效法之本："虽非为作文设，而千万世文章从是出焉。"后又说"六经是治世之文"。《文章精义》中有大量关于唐宋文章名家及作品的评述，比如认为文有方、圆之分，而"韩文多圆，柳文多方，苏文方者亦少……圆者多"；"韩如海，柳如泉，欧如澜，苏如潮"；韩愈《琴操》"平淡而味长"，柳宗元《铙歌鼓吹曲》"险怪而意到"；欧阳修《丰乐亭记》"能画出太平气象"；朱熹之文"治经明理"，"三百篇之后一人而已"等。李淦在客观评价唐宋各家作品的同时，也指出他们对先秦两汉典籍的"效仿"功夫，比如说韩愈的《平淮西碑》是"学舜典"、《画记》是"学顾命"；欧阳修的《醉翁亭记》结尾是学《诗经·采苹》篇中"谁其尸之，有齐季女"二句；苏轼的《表忠观碑》述及赵抃（即赵清献公）颂扬吴越钱氏功德的奏书时"不增损一字"，是"学《汉书》"。《文章精义》也论及文法技巧："文章，不难于巧而难于拙"，"不难于曲而难于直"，"不难于细而难于贫"，"不难于华而难于质"；"文字贵相题广狭"，并举朱熹的例子加以证明，"晦庵先生诸文字"如滔滔江河，动辄"数千万言"，但"及作《六君子赞》"，六位先生的赞"各三十二字"，却尽得描画其生平，这是懂得"相题"定文章繁简、长短。做大文字者须"放胸襟如太虚始得"。并提醒文章初学者，学文切不可只"学人言语""学怪句"，要懂得"真作文之大法"：行文务求意脉"贯串"，"说得通处尽管说去"就像苏轼《文说》所言："常行于所当行，常止于不可不止。"《文章精义》对唐宋文章的客观评析在一定程度上拓宽了后世对唐宋文学的认识视野，文章作法理论影响深远。

《诗法家数》是元代诗人、诗歌理论家杨载的诗论著作。"家数"指诗、文等技艺师承流派，严羽《沧浪诗话》中有"世之技艺，犹各有家数"之说。《诗法家数》包括"序"及"诗学正源""作诗准绳""律诗要法""古诗要法""总论"共六部分。"序"言短意精，为全书的纲领：认为"赋、比、兴"为诗歌制作大法，同时提出诗歌的"六体""四忌""十诫""十难""八法"，"序"言内容有承传前人之说更有自己多年诗歌创作的经验之谈，比如忌"俗意""俗字""俗语""俗韵"诗之四忌，还有作诗"起句要高远""结句要不着迹""承句要稳健""首尾相应""首两句先须阔占地步"等作诗之八法，杨载自言全都是个人"用工凡二十余年"之心得。顺"序"言之纲，杨载将"赋、比、兴"标举为"诗学正源"、诗歌创作之法度准则。杨载更是"起承转合"文章章法理念的首倡者，在"律诗要法"部分，明确用"起承转合"概括律诗"破题""颔联""颈联""结句"结构四步骤：起句"尤难……先须阔占地步"；中间两联须"血脉贯通，音韵相应"，忌"同律"，颔联若"咏状"，颈联须"说人事"；尾联以"能开一步"或"有合起意"为妙。在此部分，杨载还论及"字眼"："诗句中有字眼"，并指出诗中"字眼"的最佳位置。"古诗要法""作诗准绳"部分针对诗歌的整体结构又强调：作诗"先立大意，铺叙既定"，然后下笔，则"文脉贯通，意无断续，整然可观"，"立意"要"高古浑厚"，有"气概"、沉着，"忌卑弱浅陋"。在"总论"部分，杨载再次重申"起承转合"结构对诗歌创作的重要意义：要"先立大意"，"起承转结，三致意"，才能达到诗歌的"工致"之境。杨载诗法理论不但适用于诗歌创作，同样也适用于一般文章写作，尤其"起承转合"论指出了文章创作的黄金结构法，被刘熙载等明清文论家所借鉴并进一步发展。

元代文论家陈绎曾的《文说》，是一卷本的文章理论著作，从"养气""抱题""明体""分间""立意"等八个方面"论行文之法"。论"养气"：陈绎曾认为文气"不能养而作之""不可作气"，"气"变化无方，宜"澄心静虑"以"此"人、事、此、景、物" 存于胸中"，使之"融化与吾心为一"，则文气会"油然自生"，而强"作气"则会使"所出之言，皆浮辞……非文也"。论"抱题"：列"开题""合题""救题""衍题"等11条进行说明，"一篇之内……句句切题""忌直率"、若题虚无可说则"衍其意……而无一事题外来"。论"分间"：从头尾、"腹中"等方面剖解文章结构，"头起，欲紧而重"，"尾结欲轻而意足"，"三分头，二分尾"，"腹中欲满而曲折"，大文宜"五分腹、二分头额"，而小文则只需"三分腹、一分头额"，好的行文间架必定是"分明"而又"不欲使人见其间架之迹"，即"意分而语串，意串而语分"。论"立意"：陈绎曾认为文章所立之"意"不外乎取"景""事""情""意"，"景以气为主"，文无景则"枯"；"事生于景则真"，文无事则"虚"；"喜怒哀乐爱恶……皆情"，文无情则"诬"；"议论思致曲折皆意"，"意"以理为主"出于情则切"，文无意则"麄"。又引元人戴帅初之写作"炼意"说：凡"作文发意"，第一番来者"陈言也，扫去不用"，即韩愈《答李翊书》中所谓"陈言之务去"；第二番来者"正语也，停之不可用"；第三番来者"精意也，方可用之"。"立意"理论对初学写作者有醍醐灌顶之用。另外，陈绎曾还就"明体""用事""造语""下字"方法进行了具体而详细的总结论述，《文说》是元明清写作理论发展的开拓者之一。

明中期文学家、戏曲家徐渭的《南词叙录》是总结"南戏"创作经验的戏曲概论。徐渭有《四声猿》《雌木兰替父从军》《女状元辞凰得凤》等北曲杂剧创作传世，同时也关注南曲"传奇"剧创作。在《南词叙录》"序"中，徐渭追溯了北曲、南曲的由来：北曲"九宫二十一调，犹唐宋之遗也"，"南戏始于宋光宗朝""无宫调"，永嘉人所作"《赵贞女》《王魁》二种实首之"，徐渭也提到了南戏的"四腔"分类，即"弋阳腔""余姚腔""海盐腔""昆山腔"，在"四腔"中徐渭尤其推崇"昆山腔"：认为昆山腔以"笛、管、笙、琵按节而唱南曲"，"字虽不应，颇相谐和"，出乎"三腔之上"，流丽婉转，"听之最足荡人"，"亦吴俗敏妙之事"。昆山腔即昆曲的前身，徐渭应是对昆曲较早的评述者。在"序"中徐渭用相当篇幅将南曲和北曲的艺术特征进行了比较，认为北曲成就整体高于南曲："南之不如北有宫调……然南有高处，四声是也"；"听北曲使人神气鹰扬……足以作人勇往之志"，"南曲则纤徐绵眇……使人飘飘然丧其所守而不自觉"；"南易制，罕妙曲""北难制，乃有佳者"；"国朝虽尚南"，但是"学者方陋，是以南不逮北"。指出"以时文为南曲"的弊端应该引起南曲创作者们的重视：喜用典、"用事"导致重沓不"着题"，语言骈俪晦涩，失去了"感发人心，歌之使奴童妇女皆喻"的戏曲创作的体制"本色"。"序"的后半部分对南曲"生、旦、外、贴、丑、净、末"各行当，以及"题目、宾白、科、介、打箱、开场"创作程式等都做了详细阐述。在《南词叙录》的"录"部分，徐渭罗列了南曲"宋元旧篇"和"本朝"曲目100余种。《南词叙录》是我国第一部戏曲创作理论专著，具有开拓性意义。

明晚期沈德符《顾曲杂言》是后人从沈德符著《万历野获编》中摘录的有关曲论部分内容的汇集。《南词叙录》是明中期的徐渭为南曲张目，《顾曲杂言》则是沈德符为明晚期北曲没落写下的挽歌。在"杂剧院本"一则中，提到"涵虚子"（即朱权）"所纪杂剧名家凡五百余本"，而晚明通行的不及百种。在"北调传授"一则中有"自吴人重南曲……而北词几废，今惟金陵尚存此调"

评论，并且举一现实事例说明南方工北曲艺人的落寞处境："今南教坊有传寿者……工北曲。其亲生父家传"，"若寿复嫁去，北曲真同广陵散矣"。"时尚小令"一则中对当时戏曲创制中"九宫十二则皆不知为何物"，"其语秽亵鄙浅，并桑濮之音"的风气进行批评。对王实甫、汤显祖等前代及当世戏曲家的作品《西厢记》《牡丹亭》等也给出了自己的犀利评价，发前人所不敢发之言，比如在"拜月亭"一则中认为，"元人以郑、马、关、白为四大家""而不及王实甫"，而在"填词名手"一则中认为汤显祖"牡丹亭梦一出，家传户诵，几令西厢减价"，但是他又认为汤显祖"不谙曲谱"，用韵多任意处，"乃才情自足不朽"等。另外，在"弦索入曲"一则中认为北曲以弦索为主、"南曲箫管谓之唱调，不入弦索"的传统戏曲观念，以及学艺应在务本色、求正宗前提下循序渐进至"宛转高低无不如意"境界等议论颇有见地，为戏曲行业健康发展提供了可效之法。

明末清初戏曲理论家李渔的《闲情偶寄•词曲部》是对元明戏曲创作进行的全面理论总结，包括"结构""词采""音律""宾白""科混""格局"6个部分。其中"结构"部分的六点倡导，不仅仅适用于"词曲"，对所有文章体裁的创作都是应遵循的不二法则。

在"结构"中，李渔首先为世人所谓的文人末技——"填词"正名："前人呼制曲为填词"，"填词非末技"，与"史传诗文同源"而"异派"。并且举《琵琶》《西厢》《还魂》的作者加以证明："高则诚、王实甫诸人……舍填词一无表见"，"汤若士（即汤显祖），明之才人也……其脍炙人口者"非诗文，"而在《还魂》一剧"。又说元代"帝王国事"之所以没有像五代、辽、金"同其泯灭"，而挂后世"学士文人之齿颊"，也跟元代杂剧兴盛，有《琵琶记》《西厢记》等名篇传世有关，"以填词而得名者也"。接着又表明自己的写作缘由：当世慕羡"填词制曲"者甚众，但"前书堪读"但却苦于"无成法可宗"，自己思量"不若出我所有，公之于人"做一攻玉之他山之石。以生平研学"和盘托出"，与前人已传之书互为补充，"使人知所从违"，不至于被"诵读"所误。最后申明"结构"的重要性："结构"在李渔笔下更近于整体"构思"之意，"结构"当在"引商刻羽"之前，如同造物主之为物"赋形"，当在"精血初凝，胞胎未就"时，先"制定全形"，使点滴精血具备五官、骨架"之势"，若一开始无整体布局，而是由头到脚"逐段滋生"，那么人的全身便会"有无数断续之痕"，而"血气为之中阻"。李渔在此明确提出"结构"对戏曲创作的重要性具有开创性意义，是李渔对戏曲理论发展作出的重大贡献。推而广之，"结构"对包括戏曲创作在内的所有文章体裁的创作都非常重要。李渔也将前人文"气"说用在戏曲创作上。

李渔通过"戒讽刺""立主脑""脱窠臼""密针线""减头绪""戒荒唐""审虚实"6个分论点来细化"结构"："凡作传奇者"，先要涤去以笔杀人的"肺肠"，务必"存忠厚之心"；"主脑"即"作者立言之本意"，李渔强调"古人作文"定有"主脑"，作"传奇"亦应立"主脑"，"传奇"创作若无"主脑"则"为断线之珠，无梁之屋"，作者"茫然无绪"，而"观者寂然无声"；李渔提倡创新，"新"为"天下事物之美称也"，"传奇"创作务去陈言，求变求新，"窠臼不脱，难语填词"。李渔的求变求新论与他的创作实践是完全一致的，他自称"不佞半世操觚，不攘他人一字"；编戏如缝衣，初"以完全者剪碎"，后又"以剪碎者凑成"。剪碎容易，凑成实难，"凑成之工，全在针线紧密"。一节偶有疏漏则"全篇之破绽"尽显；李渔认为"传奇之大病"在于头绪繁多，"头绪忌繁"四字创作者应时刻牢记，思路清晰应如"孤桐劲竹，直上无枝"，"文情专一"应学习《荆钗记》《拜月记》等元代优秀杂剧；关于"传奇"作者喜涉怪诞之偏好，李渔认为不应该提倡，"凡作传奇"当"求于耳目之前"，不应闭门造车，"索诸闻见之外"，世间"人情""物理"是创作的本源，"古今文字皆然"，千古流传的必是"说人情物理者"，而写出即被遗忘的必为"涉荒唐怪异者"；关于创作虚构与真实的辩证问题，李渔也有自家独到见解，也与"戒荒唐"一则的论述内容相辅相成："传奇"所用古今之事"有虚有实"，不必苛求，实者"不假造作，有根有据"，虚者"空中楼阁，随意构成"，但"实则实到底"，最忌"虚不似虚，实不成实"。李渔第一次比较明确而客观地论述了艺术"真实"及与"虚构"的关系问题。

另外，李渔在"词采""宾白""音律"部分对戏曲语言提出贵"显浅"、重"机趣"、戒"浮泛"、忌"填塞"、求"肖似"等的要求。李渔认为，"能于浅处见才"，"方是文章高手"，话则"本之街谈巷议"，事则"取其直说明言"，要向古人学习，从前代典籍中汲取戏曲语言营养，做到"意深词浅"。而说到填词家的"宜用之书"，李渔认为无论"经传子史"还是"诗赋古文"，无一不应熟读，包括"道家佛氏""九流百工"《千字文》《百家姓》"在内的书籍，"无一不在所用之中"，但是学习古人不能死记硬背、生硬套用，达到"竟似古人寻我"并非"我觅古人"，"信手拈来，无心巧合"之境方为高超。李渔认为"机趣"也应是戏文创作时应注意的，"机"与"趣"，为戏文的"精神"与"风致"，少了"机趣"的戏文势必不鲜活、无生气，如同"泥人土马"一般。在对"机"的展开论述中，李渔对后世所谓"过渡照应""铺线索""埋伏笔"等文章谋篇技法已有涉及，他提倡机中藏巧："勿使有断续痕"，即"承上接下，血脉相连"，哪怕在"情事截然绝不相关之处"，亦有连环细笋"伏于其中"，看到后来方知其妙，他还举藕断丝连的例子加以形象说明：藕"先长暗丝以待""丝于络成之后"，人提刀切藕时才知其"作茧之精"。李渔的"机之不可少"论对创作与阅读欣赏都有启迪意义。

在"语求肖似"一则中，李渔还提到了戏曲创作疗慰人心的效果："作之最健人脾胃者"莫过"填词"，填词人是天地间"最乐之人"。生于忧患、处于落魄之境的李渔还以亲身经历进行现身说法："自幼至长，自长至老"无一刻舒眉，而"制曲填词"可使心中"郁藉"、愠愤得以舒解，现实中"做官""致仕""作人间才子""娶绝代佳人"等在无法做到之事，都可以在戏曲"梦往神游"的世界中完成。当然"畅所欲言亦非易事"，言为心声，"代此一人立言"必先"代此一人立心"，要懂得"设身处地"替人物着想，无论塑造心术"端正者"还是"邪辟者"，都得"说一人，肖一人"，不能"雷同""浮泛"。

在"文贵洁净"一则中，李渔又对"洁净"一词进行了剖析，洁净即"简省"，洁则忌"多"，"减"始能"净"，但"多而不觉其多"时，多即是洁，"少而尚病其多"时，少即是芜。又由此谈到修改的重要性，并且要"慎之于始"：在曲词"初填之际，全稿未脱之先"，宜"每作一段，即自删一段"，"稍有可削者即去"。认为文章出自己手"无一非佳""无语不妙"的偏狭之见，是诗文创作之"通病"，古今才士之"恒情"，非专属"填词"，创作于"开笔之初"，以至"脱稿之后"，做到"隔日一删，逾月一改"，方能"淘沙得金，无瑕瑜互见之失"。李渔也非常谦虚地认为自己"能言之不能行之"，往往是刚完成一剧，"才落毫端，即为坊人攫去"，下半部"犹未脱稿"，上半部已被刻印，不光刻印又被捷足先登的伶工出自肺肠、唇舌的一番演化，遂使"一成不改"，再加上"终岁饥驱，杜门日少"，因而欲"务洁净"，却"无可删可改之时"，最终发出"天实使之，谓之何哉"的慨叹。

清初唐彪的《读书作文谱》共 12 卷，是有关写作修养、文章创作理念、作法方面的理论著作。唐彪认为作文之前必先打牢基础，即"读书穷理"与修养心性，而无论是读书穷理还是修养心性，都要在"静"字上下功夫："心非静不能明""性非静不能养"，就像朱熹所言："静是学者总要路头。"作文之前必先静下心来读书求学，而为学者必须从本源上"寻讨实功，以为基地"，内"定性灵""慧光"，外"取精微书卷"简练揣摩，通"世务"、精"文章"，从而才能达到"体立而用始随之"的地步（第一卷"学基"篇）；写作要重视"涵养"功夫，"蕴藉不深……涵养未到"则会导致"文字俗浅"，微情妙旨寄于笔墨之外、气味厚、有理趣、"词尽而意不穷，音绝而韵未尽"的文章才算得上有"涵养"的好文章（第一卷"文源"篇）。

《读书作文谱》第五卷从"读文贵极佳""文章惟多做始能精熟""文章全藉改窜"等方面阐发了唐彪本人的文章创作理念。唐彪认为初学作文者常以"所作之文"请教于人"为益无多"，一则阅文者"未必直言"，二则作文者也不会因别人对于自己"一二文之指点"而立马"变拙为巧"，反倒不如以自己"欲读、已读与当读之文"请教于人益处更多，因为所作文之"工拙"必本于所读文之"工拙"，就如同茶的品质高低与土壤密切相关，未有"地劣"而"茶能优者"。但学文多读不如多做，"读十篇，不如做一篇"，多读乃"藉人之工夫"，而多做乃"切实求己工夫"益处更大，常写常练才能机关熟络，即便题目难"为之亦易"；反之则"理路生"，题易为之亦难。当然虽说文章多做，瑕疵"不待人指摘"而自能判断，但初学作文者还应该知道"文章全藉改窜"的道理，因为文章"落笔便佳"是很难做到的，以欧阳文忠公为例，他曾自言一篇文章写成，即"书而粘之于壁"，早晚观览，有修改后"仅存其半者"，有改了又改最后原稿"无一字存者",古来有名的文章家莫不如欧阳文忠公这般用心修改文章。

在第七卷中,唐彪从"文章诸法""文章诸要"等方面论述了文章创作方法。"文章诸法"在"总论"一则中开宗明义提出"章法""股法"(即"段法")、"句法""字法"(及文章四法),接着详解31条文章作法,包括"深浅虚实""开阖""描写""跌宕""详略""关锁""照应""带叙、附叙""抑扬""顿挫""预伏""挨讲、穿插""省笔""分总""一层推出三四层"等,每一则都鞭辟入里,切中作文要害。比如,论行文之"深浅虚实":"深浅虚实"为古今"文之大纲",作文应"深浅"不离、"虚实"相济,"深"用来刻画精微,"浅"用来陈其大概;"实"以阐发义理,"虚"以摇曳神情。"由虚入实、由浅入深"或"一实一虚、一浅一深相间成文"属于对"深浅虚实"技法的基本把握,而唐彪对于前幅"实义已尽"后幅"不得不驾虚行空……衬贴旁意,或推广余情",与前半篇"刻意深入"后半篇"无可复深"不得不"轻描淡写,或援引古昔……附带他事"等有关"虚实深浅"变体技法的析解是前代写作理论未曾触及过的。还有论"描写":文章最重是"描写","最难"亦是"描写";文章有"描写"犹如绘画"描写人容";描写"宜细""宜详""宜正","不细""不详""不正",则会流之于"粗陋""缺略""邪野";若作文能注意"描写""对面""两旁",则无"不工"之理,又以《论语》"有朋自远方来"一节中"对面描写"的工巧为例说明。另外,若要写好文章还需运用"详略""照应""关锁""分总""一层推出三四层"等写作技法:"关锁"指关联、承接,文"无关锁"随笔为之,则难免"散漫","有锁上而复起下者"、也有"锁而兼联络者";唐宋文多"前半与后半相为照应",而先秦两汉之文"照应"则"多在闲处点染",不即不离之间呈现出"超脱变化";行文处理好"总"与"分"之间的关系,则"神气清而力量胜",若"前总发"后必分叙,"前分叙"后必总发,还有"迭总迭分"的错综变化;"一意推出三四层"唐彪解释为"一层进一层",也即层次递进,此法应用之要"不在能进,而在能留",行文只有先"一层留一层"才能达到"一层进一层"的效果。

唐彪从"气""势""笔姿""机"四个方面对"文章诸要"进行论述。写文章做到文"气"畅通是必须的。"文气"譬如人"一身之气","上自泥丸，下至涌泉"，必须"呼吸常通"，断续、曲折、开阖有度，不知文气"壅"与"断"者不足以"论文"。文章"重在得势"，而"势之理莫要于是"。文章得"势"有两条途径：有得"势"在"驭题"（主要指审题、命意）："题义"要审明、立意要别致；有得"势"在"谋篇"（主要指结构）：首段得"势"则"通篇皆佳"；首句得"势"则"一段皆佳"。文章胜人"全藉笔姿"，若落笔"板滞""平庸"，尽管"理透"也若"不透"，"意虽深"也似"不深"，必不能让阅读者击节称快。"笔姿"钝而不文雅秀逸者，可取"笔胜之文"多涵濡体会，时间久了必能生变。唐彪还认为"机譬则巧"，得"机"，则"诸妙悉来于笔下"，文能"入妙"无过于"熟"，而"熟"则"气机"自然流利。

《读书作文谱》既总结了文章写作的总体之法，又论述了各种具体做法，为清代写作方法论体制比较完备的一部文论著作，其观点多为清后期及现当代文论研究者们所借鉴、参考。

清代文论家刘熙载的《艺概》是有关艺术批评理论的著作，共分为"文概""书概""经义概"等六卷。在前"叙"中，刘熙载对"概"的解释定下了整部著作的撰写原则："通道必简"，"概"为"简"，因而《艺概》诸卷皆为"明指要"。"文概"（第一卷）概举了从先秦到唐宋文章发展的轨迹、特点，《六经》规定了"文之范围"，而"文之本领"用道理、义理、事理、情理"四家"尽可包括，皆为"六经"所统摄。刘熙载提倡写文章要首先确定意旨：古人意在笔先"故得举止闲暇"，后人意在笔后"故至手脚忙乱"；认为文章炼神、气的重要性应放在炼字、句之前，文以"炼神炼气为上半截事"，以"炼字炼句为下半截事"；引刘勰语"贯一为拯乱之药"，而自认为文气"贯一"以"泯形迹为尚"；文章"不难于续而难于断"，明断"正取暗续也"，唐僧皎然所谓"抛针掷线"全靠"眼光不走"；揭示全文旨要的"顾"与"注"，在篇首、篇中，或在篇末，即所谓"文眼"。表达方面，应遵循韩愈倡导的"陈言务去"，所谓陈言即"抄袭古人之说以为己有"；文辞之患"不外过与不及"，用字"在当不在奇"，好用奇字也是作文之"一癖"；文章之道"全仗乎笔""笔头上担得千钧"，"笔"为性情，"墨为形质"，务使"墨之从笔"。刘熙载特别论及"叙事"方法，认为叙事必有"寓"，可寓"理"、寓"情"、寓"气"、寓"识"，无"寓"则如"偶人"，并将"叙事"分成十几类：除我们现在常提到的"顺叙""倒叙""补叙""插叙"之外，还提到"正叙""实叙""借叙"等。

在"经义概"（第六卷）中，刘熙载从"经义"作法的角度提到作文立"意"（明确提出"主脑"概念）问题：凡作一篇文章，其用意"俱要可以一言蔽之"，"扩之"则为千万言，"约之"则为一言，"所谓主脑者是也"。"经义概"也详细分析了文章"起承转合"章法结构四个部分之间的关系："起者，起下也，连合亦起在内"；"合者，合上也，连起亦合在内"；"中间用承用转，皆兼顾起合"。刘熙载在"文概""经义概"中提出的包括文章章法结构理论在内的很多写作学理论观点，至今仍被写作理论研究者所重视。

第二章　写作主体内在修养面面观

写作是一种复杂的创造性的精神劳动。写作修养指写作者应具备的写作涵养和写作修为。写作者是认识世界、表现世界的主体，要想写出好文章，必须首先从完善自身思想品德修养、文化修养、情志修养、生活修养做起。

一、端正三观，不断完善思想品德修养

写作者应树立正确的世界观、人生观、价值观，坚持"文章合为时而著，歌诗合为事而作""文以载道"的创作原则，具有写作服务国家、服务地方文化建设的大局意识。

宋代理学家朱熹强调"敬"字工夫乃"圣门第一要义"，不可"顷刻间断"，敬是学者的立脚点，大凡"学者须先理会'敬'字"，"言忠信，行笃敬"（《朱子语类·持守》）。清末著名学者王国维也说过："故无高尚伟大之人格，而有高尚伟大之文章者，殆未之有也。"（《文学小言》）事实正是如此，作者"为什么而创作""创作什么""怎么创作"，都与本身的品德修养有很大关系，可以说，品德修养在整个写作过程中起着引航导向的作用。

首先，要以儒家道德规范修身正己。

古代圣贤们一向重视德行修养。被列为儒家"五经"之一的《周易》首提文字的教化作用；孔子以"文、行、忠、信"来教育学生，及所谓"四教"，而其中将"文"放在"四教"的首位（《论语·述而》）。孔子认为，君子进学要先修"德"，即将"孝、悌、谨、信、爱众、亲仁"放在"学文"之前，"行有余

力，则以学文"；曾参追随孔子提出"吾日三省我身"的德行修养方法（《论语·学而》）。孔子对人不重德行修养常感忧虑："德之不修……是吾忧也"，提出君子若想行事不违背正道，不但要"博学于文"，还要"约之以礼"（《论语·雍也》）。"志于道，据于德，依于仁"才能"游于艺"（《论语·述而》）。子贡评价孔子之所以受到各国王公贵族的尊重，就是因为他具备"温、良、恭、俭、让"的品行："夫子温、良、恭、俭、让以得之"。孔子说人"非生而知之"，"三人行，必有我师"（《论语·述而》），若谦卑好学、择善从流、敏以求索，学业才会不断精进。孟子进一步将孔子言论进行发扬光大，明确提出"仁义礼智"论："仁义礼智……我固有之"（《孟子·告子上》），认为"不仁、不智、无礼、无义"之人为受名利欲望驱遣的"非人"（《孟子·公孙丑上》）。在此基础上，汉代董仲舒又提出"仁、义、礼、智、信"儒家"五常"说。韩愈、柳宗元等领导唐代"古文运动"，提倡学文者要重拾儒家"仁义"之"道"，注重德行修养。宋代周敦颐更是旗帜鲜明提出"文以载道"说："文，所以载道也"，不"务道德"而只是"以文辞为能者，艺焉而已"（周敦颐《通书·文辞》）。

其次，要将品德修养与端正写作态度相联系。

从小学开始，"作文"课学习就被规划在语文教学体系之中，高中毕业升入大学时，大学生们已前前后后跟"作文"打了十多年交道，但为何进入大学后在写作练笔过程中还会犯各种各样的低级错误（比如错别字、错误标点、语法毛病连篇累牍等）？多半只能归结为是写作态度不端正造成的。写作态度不端正，无论加了多少技巧修饰，文章也终归是令人不忍卒读。所以，只有态度端正了，写作能力才会在较短的时间内得到逐步提升。

二、静心读书，不断加厚文化底蕴

文化是历史发展的产物，包括物质、心理、制度等多层面，既具有普遍性和整体性，又具有直观性、丰富性、多样性、具体性。文化修养是写作者在长期的生活和文化环境中习得的，在写作过程中发挥着重要作用，决定着文章内涵和艺术表现力。文化修养主要包括作者的知识储备和专业文化素养。

知识储备包括古今中外文学、语言学、文艺学、哲学、美学、历史学、心理学等人文社会科学知识及物理学、化学、生物学、天文学等自然科学知识，而对于写作而言，语言、文学、美学等方面的修养又属于专业修养。比如要想从事写作活动，必须有基本的汉语知识储备等。

具有较高文化修养的途径必须通过"静"心读书。老子在《道德经》中提出"虚静"说："致虚极，守静笃。"（《道德经》第十六章）《庄子》将老子的"虚静"理念又进行了进一步阐发，认为"虚静"是从内心深处去除各种束缚与障碍而至的"大明"境界："必静必清，无劳女形"（《庄子•在宥》），并且通过"庖丁""梓庆"等能工巧匠靠心灵宁静专一达到技艺出神入化至境的故事，来说明心无旁骛、不受外界纷扰的"虚静"境界对创作的重要性。韩愈在《答李翊书》中说到的"处若忘""行若遗""茫乎其若迷"的状态；南北朝时画家顾骏之"常结构高楼"以为绘画之所，"每登楼去梯"，不与家人见（唐•张彦远《历代名画记•论画六法》），也有着异曲同工之妙。朱熹在强调"敬"字工夫乃"圣门第一要义""涵养须用敬"的同时，也强调"静"字工夫，认为学者"须常收敛"，不可"放纵"，而"收敛"要依靠"敬"与"静"："静坐无闲杂思虑"，心必须在"安静深固"中涵养出来（《朱子语类•持守》）。

清代文论家唐彪在《读书作文谱•学基》中先是对人们读书耐不住寂寞、坐不住冷板凳的心态进行解析，并且给予充分理解：人性"多喜流动而恶寂静"，坐不多长时间"心未起而足先行"，这是学人的"通病"；然后又拿宋末元初理学家金履祥"以带系足于椅"、许谦"于门阈上加横木"自我强制"禁足"专注读书的故事教育后生学子。总之，古之圣贤都十分强调静心端坐阅读，唯有如此专注投入，才能慢慢品出文章"三昧"，从而领悟、触摸到文章的写作规制，如同严羽在《沧浪诗话》中所言，酝酿胸中，假以时日"自然悟入"。

学习写作不光要多阅读，还要注意多阅读好书。刘勰在《文心雕龙•体性》篇中认为学文必先阅读"雅制"之书，"沿根讨叶，思转自圆"。唐宋文章家们特别注重读书路数的正宗，韩愈在《答李翊书》中介绍了自己"非三代两汉之书"不观的读书习惯；柳宗元在《答韦中立论师道书》指出学写文章要参阅先秦两汉典籍：若想使文理通达"参之《孟》《荀》"，若想使文情幽微"参之《离骚》"，若想使文辞简洁"参之《太史公》"等；苏轼在《东坡志林·记六一语》中记录了欧阳修曾向人传授的作文经验"无它术，唯勤读书而多为之，自工"；严羽在《沧浪诗话》中更是明确提出"熟参"说："入门"要正，熟读《楚辞》、"乐府""汉魏五言"，然后博取盛唐名家；"熟参"文理是获得"真识"、自然入"悟"的正确途径，并且提醒要警惕"野狐外道"对"真识"的蒙蔽。朱熹在回答弟子"文字如何进工夫"问题时也指出，若将"《汉书》及韩柳文"熟读，"不到不会做文章"。

另外，还要注意博与精的结合。写作既具有综合性，又具有专业性。在分工越来越细的现代社会，写作也在朝着专业化方向发展，对于写作者的专业文化知识的要求也越来越高。作者应具有渊博而又精深的立体的复合型知识结构和文化素质。单一知识结构、文化素质，已无法适应现代写作的需要。作家应该什么都懂，应是"通才""杂家"。"杂"字，在此没有贬义，就人才的知识结构而言，"杂"是好事，"……要争取做个杂家，唯其杂，才能在各方面运用……知识，做好报道，写好文章"（叶圣陶《要做杂家》）。曹雪芹就是一个"杂家"，从《红楼梦》一书可看出他多才多艺，工诗善画，因其有好的家学渊源，祖父曹寅有很好的文学修养，是有名的藏书家和刻书家，工诗词，又兼作戏曲。在《红楼梦》中，除小说的主体文字外，还包含有诗、词、曲、赋、诔、赞等多种文学样式，可以说它是众体兼备（古代小说讲求"文备众体"），在小说行文过程中楔入一些诗词曲赋，《三国演义》《水浒传》等都是这样，其中有很多为一些人物所作的诗词。人们称赞作者曹雪芹是"按头制帽"，这些诗词的内容和艺术风格都符合人物的各自身份，并恰当地体现了人物不同的处境、心理和性格特点。

阅读也应多着眼地方文化，本土的、地方的才是独一无二的。比如，菏泽读者可以多研阅《庄子》《水浒传》等书籍以及与鲁西南风俗文化、菏泽古城文化、牡丹文化、水浒文化相关的文献参考资料，以便将培养地方文化服务意识融入阅读与写作中。

只有具备较高的文化修养，写起文章来才能得心应手。杜甫曾在诗中直陈自己的写作经验："读书破万卷，下笔如有神。"（《奉赠韦左丞丈二十二韵》）苏轼曾记写过欧阳修教人作文法的故事：有人"以文字问之"，欧阳修一言以蔽之："无它术，唯勤读书而多为之，自工。"（《东坡志林·记六一语》）曾参与《明史》修撰工作的清初史学家万斯同也说过：必"尽读天下之书、尽通古今之事"，然后"可以放笔为文"（《与钱汉臣书》）。腹有诗书，下笔方可"有神"，古今一贯。

写作是动态的、人类生产精神产品的创造性活动，诗歌、小说、散文、剧本、文案等无论哪一类以语言文字媒介形式输出的文字产品，都是人类精神生活不可或缺的重要组成部分。在追求文本数量胜过质量、同质化淹没原创性的互联网快节奏写作时代，媒体从业人员和年轻一代写作基本功普遍偏弱的痼疾日益凸显，网络文字空间错误、漏洞百出的混乱状态令人担忧，在此情形下，提倡写作者的文化修养是非常有必要的。

三、调整心境，不断加强情志修养

创作少不了情感的同化和激发。《毛诗序》云，"情动于中而形于言"；西晋文论家陆机在《文赋》中说，"诗缘情而绮靡，赋体物而浏亮"；白居易在《与元九书》中说，"感人心者，莫先乎情"。但情感的外化又必须有理性引导和规范。写作者应多加强情感修养，树立正确、健康的情感价值观，协调好个体情感与国家、社会需求之间关系，追求"真、善、美"，抵制"假、恶、丑"。

写作者首先要营造宁静的写作心境。心境是一种持续的情感状态，能影响写作行为。

除了"静"心修养之外，写作者还要保持情绪的愉悦。唐代张彦远在《历代名画记·论画六法》中记载南北朝时画家顾骏之的绘画习惯：若"时景融朗"，心情舒畅，"然后含毫"；但若"天地阴惨"，心情不佳，"则不操笔"。南宋画家郭熙曾说：若"志意已抑郁沉滞，局在一曲"，很难"写貌物情，摅发人思"，人必须"养得胸中宽快，意思悦适"，平和、正直、仁爱、诚信之心"油然心生"，人物之"笑啼情状"、景物之"尖斜偃侧"便会自然布列在心中，然后"不觉见之于笔下"(《林泉高致·画意》)。绘画如此，写作也是同样。刘勰在《文心雕龙·养气》中说："从容率情，优柔适会"则"理融而情畅"，写作者要善于自我调整情绪，以积极、乐观的心态面对一切。唐代古文运动的倡导者韩愈将人的情感分为"上、中、下"三品，而情感状态有"喜、怒、哀、惧、爱、恶、欲"七种，他认为对七种情感状态都能控制得恰当、适中者为"上"，即"上焉者之于七也，动而处其中"(《原性》)。写作者要尽量控制自己的情绪，"发乎情"，又"止于礼义"，避免偏激情绪对自己创作的不良影响。

另外，要想拥有宁"静"的心境和愉悦的写作情绪，还必须以坚强的写作意志力做保障。意志是为达成目的而具有的某种心理状态，在写作行为过程中起着很重要的启动和制止的调节作用。坚强的写作意志可以控制消极情绪，激励作者克服困难，使之顺利启动并达成某项预定的写作目标；相反，薄弱的意志则会抑制作者的写作积极性，分散作者精力，妨碍写作目标的完成。美国女作家海伦·凯勒两岁时因猩红热疾病丧失了视觉、听觉，但她凭着顽强的意志，完成了大学学业，创作出《我的一生》《我感知的神奇世界》《走出黑暗》《中流》《假如给我三天光明》等系列自传作品。苏联作家奥斯特洛夫斯基在 22 岁时身体瘫痪，只有右手可以行动，但他克服了种种困难凭着强大的意志完成了并发表了《钢铁是怎样炼成的》《暴风雨所诞生的》《柯察金的幸福》等作品。反之，意志薄弱者，则可能沉湎于消极情绪之中而不能自拔，致使写作活动半途而废。

四、贴近现实，不断加深生活修养

写作者应加强生活修养。写作素材来源于生活，陆游在《冬夜读书示子聿》中有"纸上得来终觉浅，绝知此事要躬行"的诗句。生活是养育作家的温床，写作者要热爱生活，学会在生活中发现"美"。

生活修养包括积累活经验、丰富生活阅历、增加生活识见等。写过《战争与和平》《安娜·卡列尼娜》等名著的 19 世纪俄国作家列夫·托尔斯泰认为，作家"永远是以回忆为生的"；写过《钦差大臣》《死魂灵》的尼古拉·果戈理认为，只有被从现实中提取并且被人熟悉的一些东西，才是"好东西"。鲁迅先生指出：创作的基础是生活经验；而所谓生活经验是在"所作"以外也包括了"所遇、所见、所闻"的。当代散文家梁衡在《把栏杆拍遍》一文中认为，辛弃疾的词比其他文人更深一层的不同在于"他的词不是用墨来写，而是蘸着血和泪涂抹而成的"。我们今天读辛词，分明看到的是一位在夕阳中扶栏远眺、望眼欲穿的爱国臣子："郁孤台下清江水，中间多少行人泪。西北望长安，可怜无数山"（《菩萨蛮·书江西造口壁》），"四十三年，望中犹记，烽火扬州路。可堪回首，佛狸祠下，一片神鸦社鼓。凭谁问、廉颇老矣，尚能饭否"（《永遇乐·京口北固亭怀古》）。因此辛弃疾也成为我国历史上第一位"由行伍出身，以武起事"，而最终以文为业的伟大词人，有金戈铁马的生活阅历，有对行伍生活的深透体察、感悟、反省，写出的东西就厚实，就能拨动读者的心弦。

《红楼梦》第五回里有一副对联："世事洞明皆学问，人情练达即文章。"生活的阅历、经验都可以化为文章。《红楼梦》中荣、宁二府的奢侈浮华、廊亭建筑、太太小姐的饮食、起居、装扮等等都在作者曹雪芹的生活经历中有迹可循。曹雪芹出生在南京，少年时代过了一段富贵荣华的生活。雍正五年（1727年），曹雪芹之父被人参奏，革职抄家。次年，曹家从南京迁回北京。不久便彻底败落。晚年曹雪芹流落到北京西郊，生活十分穷困，靠朋友接济和卖画维持生计。荣华富贵与贫困潦倒他都经验过，《红楼梦》的创作是他和着自己的血泪进行的，"满纸荒唐言，一把辛酸泪"，曹雪芹自言是"披阅十载，增删五次"才完成《红楼梦》的前80回。《红楼梦》问世200多年来一直让人读之无不为之动容，就是因为有真生活做基础。

（一）写作观察

观察是人开放感觉器官，有目的、有意识地从外界摄取信息的能力。

观察是写作的入门，写作观察是写作主体必须掌握的基本技能。鲁迅在《给董永舒》中说："如要创作，第一须观察。"写作者必须要把自己锻炼成目光敏锐的观察家，养成对生活中人、事、景、物保持永不罢休观察的好习惯。

观察的基础是人的感觉，它是视觉、听觉、嗅觉、味觉、触觉等多种感觉器官的活动。写作中的观察是一种复杂的精神活动，不仅仅只是眼睛"看"而已。要进行观察，必须使自己拥有敏锐的感觉，不仅要求写作者有健全的五官，而且要求写作者善于运用五感、五觉。刘勰在《文心雕龙·神思》中说："登山则情满于山，观海则意溢于海。"王国维的《人间词话》则认为："以我观物，故物皆著我之色彩。"郁达夫说："艺术家是善感的动物。"列夫·托尔斯泰曾高度评价普希金有着灵敏发达的感觉："他的美的感觉发达到了别人所没有达到的高度。"

培养观察能力，首先要尽量扩大生活领域，丰富人生阅历。另外，就是要养成观察习惯。习惯是在长期的观察练习中形成的。例如茅盾，手边时刻带着笔和笔记本，随时把所见所闻记下来，甚至连和朋友谈话也记，就像朱自清在《山野拾掇》中所说，一言一动、一沙一石都不轻易放过。

比如散文《与子书》结尾处写到对 2015 年菏泽冬季初雪的观察：

与子书（节选）

这场雪降得特别早、特别大、特别地突如其来。11 月 23 日晚间，纷纷扬扬的雪片开始羽絮般降落，铺天盖地像在霍霍燃烧般猛烈，令人猝不及防。

原本四季分明的菏泽，冬季现在已很少见像模像样的降雪，即便有也是姗姗来迟。阳历 11 月份能看到雪本就很不寻常，竟然还能下得如此酣畅淋漓，着实令人振奋。听到雪粒一阵疾似一阵地敲窗，大地早已经被持续不息的落雪白茫茫覆盖。在昏暗的雪线光影里，我闭上眼睛，双手合十举向夜空，身体即刻被凌凌的雪片裹挟，群群雪花蜂逐一般绕过手指：尖尖的刺儿弯了，脆脆的骨架散了。待木木的两手伸开，翻滚舞动的雪花瞬间跌满掌心，又瞬间融化成温暖的雪水、水……

在暗夜的雪光里我突然有了一种莫名的感动和领悟，这雪是水汽凝华来的，它有着和水一样的 DNA，它的前身可不就是水吗？无论雪花如何缥缈无迹、来去无踪，它终究是另一种形式的 H_2O。这就如同孩子与父母的聚合与分离，挣扎只是徒劳，该来的来，该走的也一定会走，不管你愿不愿意，你追不上，也追不回。

冬天的菏泽，雪很白，夜很幽深，有犬吠声自远处幽幽传来，听起来像是兴奋，在诉说着一个不一样的夜。

（作者：王丽娟）

在宁静的心境下，作者充分调动自身视觉、听觉、嗅觉、触觉等感官，观听一场三十年不遇的大雪，每一处细微的声响、物态都悉心体会，力求在生活之实与艺术升华之虚间达到一种平衡。

（二）写作发现

发现能力是作者"观察力"在写作活动中的具体体现。写作者应该能够从司空见惯的现象、事物中发现具有价值的信息，并将其纳入"写作"视野。

在此需要弄清楚"观察能力"与"发现能力"二者的关系：观察是写作的入门，侧重于感官的开放，所包含的感性因素更多一些，是发现的基础；而发现是观察的结果，侧重于理性的思索，所包含的理性因素更多一些。

写作是一种创造性的精神劳动，必须具有独特的发现。法国记者葛赛尔的传记著作《罗丹艺术论》，将法国雕塑大师奥古斯特·罗丹的"遗嘱"作为开篇之作。罗丹在"遗嘱"中说：所谓的大师，就是用自己的眼睛去看别人见过的东西，"在别人司空见惯的东西上能够发现出美来"。葛塞尔在"女性美"篇中还记录下罗丹著名的"美"之发现的观点："美是到处都有的"，对于我们的眼睛而言，这个世界"不是缺少美，而是缺少发现"；而"美"是什么？罗丹认为："美，就是性格和表现。"罗丹是如此告诫后人的，他也是如此进行艺术发现与表现的，比如他的青铜浮雕《地狱之门》的创作：既然只有有性格的力量才能造成艺术之"美"，罗丹就从意大利文艺复兴时期诗人但丁惊世骇俗的《神曲·地狱篇》得到启发，给当时的法国工艺美术馆雕刻出了一座人间"地狱之门"，这件作品历时 30 多年才最终完成。罗丹还独具匠心地将这件作品变成了个人集大成之作，他几乎使所有传世雕刻作品都在《地狱之门》上得到二次表现，《地狱之门》也因此成为世界上独一无二的艺术杰作。

要有独特的发现，就必须变革观察方法和思维方式。每个人都拥有自己独特的观察点、观察视域。参照系不同，对事物的认识也不一样。我们应该不断让自己的观察、发现由肤浅走向深刻、由"单一"走向"多元"。

苹果树（节选）

每次看到西邻灵巧跃动跳跃的无尾小鹿犬，女人就会扭头瞥眼自家园地上的苹果树，莫非它们之间建立过什么攻守同盟？浑身上下都精瘦到无一两赘肉，且拒绝长大……

对于为何苹果树五年一贯保持着纤细不变的身材，拒绝长个儿，男人也一脸茫然，朋友给他果苗时可是很高调：尽管养去，国外引进的青果品种，三年结果。好像没提"迷你"。并且为使它能够顺利安家不怵生，男人还把迎它进园的日子专门选在秋后。孩子倒看得开：多小巧的苹果树，但愿它永远活在童年。

个头归个头，苹果树结果还算遵守承诺。前年，小鹿犬后腿粗细的树上，几枝白里透粉的苹果花蕊竟坐出十几个小青果，这一举动让樱桃树稍感不安，大家都知道它比小苹果树早来三年。小苹果树似也兴奋，吃力地顶着一头稀疏枝叶，还把一条缀果的弱枝伸出栅栏，逗引过往邻人……

去年五月，依然纤细的袖珍苹果树却在荒园一口气坐下50多颗幼果。挂果多的小枝梢甚至四五枚抱团挤在一起，这总让人向往三个月后的丰收。古斯塔夫·克里姆《苹果树》中的狂色彩和毕沙罗《在厄哈格尼摘拾苹果》的艰涩造型也同时跳入丰收画面。但，100年前象征派眼中的果树奇观难以触摸，印象派手中够苹果的长长竹竿在这里也用不上。令女人担心的是：小苹果树不会累伤？她一开始便嗅出了小树不堪重负的艰难喘息，但她和男人不会疏果别果，等意识到问题远比预想的严重时已经错过修剪时机。孩子看到上传的图片，一脸害臊与懵：妈妈，它恁小咋产恁多崽……

八月中旬，暑期返家的孩子，摘下一颗预计不可能再继续生长的小青果，横刀切开，果肉中间包裹着的内核切面显露出来，五角星状，脉络清晰的五个腔室，这绝对是棵早熟苹果树品无疑。树、果虽小，但已然成熟。10粒胡桃色的小种子静静躺着，光亮饱满，它们里面埋藏着多少有关这棵小苹果树的秘密？

孩子好奇地咬了一口果子，熟悉又陌生的苹果味，还不错，酸甜。女人把10粒种子全部洗净、润湿，放在一铁皮盒里。三天后，一只神奇的小脚从一粒种子尖端伸出。女人惊喜之下将它种在事先准备好的小花盆里，可惜，直到如今它都未能破泥土而出。

深秋，第一片树叶飘落时，小苹果树借西风的呼哨传话给女人：

累了，明年我想休息……

（作者：王丽娟）

热爱生活、沉潜生活，不断用眼睛去观察、发现生活中的"美"，并试着开掘生活材料的深意，是所有的写作者都应该做的。美国儿童文学作家苏斯·盖泽尔童话故事《老雷斯的故事》中森林精灵老雷斯曾说："我为树代言，因为它们不会说话。"作者为自己庭院的苹果树"代言"。植物不会说话，但人类会，人类不但会用嘴说话，还会用笔将"话"写出来，珍惜身为万物灵长所享有的特权，是人类的分内之事。

我们所处的时代是一个信息资源全球共享、写作社会大众化的时代，我们所面对的生活是被微信、微博、简书、小红书等大大小小媒体平台发布的文字包围了的生活。作为写作者，必须严肃生活，敏锐触摸时代生活脉搏，不断加强生活修养，用文字书写时代、讴歌现实。

第三章　语言功夫养成论：立足基本，掌握方法

语言修养是写作修养的最重要组成部分。若拟人化地将主题比喻成文章"灵魂"、材料比喻成文章"血肉"、结构比喻成文章"骨架"，语言文字就是文章的"皮肤"或者说是"家园"（法国文论家、作家埃莱娜·西苏在《从潜意识场景到历史场景》一文中曾形象地将语言比喻成"家园"，在特定的时间，"人住进词语的家园"），语言文字铸就的"家园"无论是城市高屋阔厦还是乡村平房小院，肮脏、污浊、杂乱不堪，就只能让人感觉难受、窒息；干净、整洁、井然有序，就会让人看着惬意、舒适。提高语言修养，应从锤炼储词、造句、段落勾连等基础写作功夫，以及提高叙述、描写、说明、议论等"语感"外化能力做起。另外，还要适当掌握"主"与"次"、"详"与"略"、"实"与"虚"等基本辩证技法。

一、储词、造句功夫：丰富、规范

语言表达无非是写作者将自己对于人、情、事、理的认识、感受、理解、判断，用合适的方式传达出来给人看。文采暂且不论，写作时首先应该将自己入住的"词语的家园"收拾得干净、整洁（文从字顺）、井然有序，从而让拜访或参观你"词语家园"的读者不觉"苦痛厌倦"，并且还能得些"趣味快乐"，文章写作才算过关，这其实要求的就是写作者基本聚词、造句的功夫。

（一）不断积累，丰富词汇的储备量

要想做到用词准确，必须首先有着最基本的汉语词汇、语法储备：积累一定的汉字数量（认识并会写、会用《现代汉语常用字表》中规定的 3500 个

常用汉字）和词汇量（各种性质的实词、虚词；各种成语、习语等），也就是说写作者要有一个丰富的词语"仓库"，分门别类储备着写作可以随时调配的各种名词（人名、物名、地名等），代词（人称、指示等），动词（及物、不及物等），形容词（性质、状态等），副词（时间、范围、程度等），助词（时态、结构、语气等）……这是能够从事文章写作活动的前提，也是遣词、造句准确、恰当的前提。

名词、动词是写作造句炼语的基础，要在日常生活中多留心收集，比如走过城市、乡村、校园或看书、看地图、看电视、听广播或浏览网络，要多留心记住县城、村镇、机关、学校、人物、景点等的名字，还有各种树木花草虫鱼、飞禽走兽的名字。比如，本书著者常启发学生去观察并记住菏泽学院校园中的树木、飞鸟的名字：老文科教学楼东侧的行道树是法国梧桐，又名悬铃木（让学生去看是悬挂几个球的）；老文科教学楼东侧的植物园是"芳华园"，里面种植的树木有小叶女贞、石榴树、银杏、栾树、枸骨树、皂荚树等，并将皂荚树的荚果带入课堂帮助他们辨识；飞至教室窗台上的鸟往往是北方的留鸟麻雀，在教室窗外树头叫声婉转优美的是白头鹎，叫声嘎嘎刺耳难听的是灰喜鹊，等等。也要注意区分并收集动性强（蹦、跳、唱、打等）和动性弱（可以、愿意、高兴、喜欢等）的动词，并揣摩他们的实用场合。

另外，表性质或气味、颜色等状态的形容词也要在日常生活中多收集，尤其要注意"长、短、大、小、快、慢""酸、甜、苦、辣、咸""红、橙、黄、绿、青、蓝、紫"等基本单音词汇的衍生和拓展词，比如了解世界上到底有多少种"红"、多少种"绿"，等等。还有，了解清楚"我、你、他、她、它""这、那"等人称或指示代词的代指内涵，及"已经、曾经、刚刚；都、全、只是；非常、极度、十分、绝对"等表时间、范围、程度等副词的限定、修饰性能，还有"的、地、得""着、了、过"等结构、时态助词的使用规则，都是对文章写作有帮助的。

（二）符合语法要求，确保造句的规范性

在逐渐丰富词汇仓库的基础上，还要注意在造句上下些功夫，以便使自己笔下所造之句明晰、完整，符合语法逻辑。

首先，须知晓句子的组成要素：句子主干由主语、谓语、宾语组成，定语、状语、补语起到限定、修饰或补充说明的作用，因而造句宾语可以缺少，但一定得有主语（有时可以隐藏或借用）、谓语，不然句子会出现残缺、不完整的病句。

其次，须知晓句子各组成要素与词性的关联：主语由名词或代词充任，谓语由动词或形容词充任，正因如此，名词、动词、形容词词汇使用量、使用频率才会显得特别大、特别高。因此，日常多注意分门别类地累积，才可以在造句时不因词量少、词汇贫乏，调遣时捉襟见肘。

另外，应知晓复句与单句、长句与短句等的区别及使用范围，比如，复句由单句构成（"句群"），按照一定的逻辑关系又可以将复句分为因果、承接、并列、递进、条件、选择、假设、转折等各种关系类型，标识因果关系（"因为……所以"等）、顺承关系（"其实、俗话说"等）、并列关系（"第一、第二、第三"等）、递进关系（"不但……而且"等）、选择关系（"与其说……不如说"等）、转折关系（但是、然而等）的关联词语不可混用；长句表达较周详、严谨，短句表达较简洁、明快，一般情况下，理论类文章多使用复句、长句阐发道理，而文学类文作品多使用单句进行叙述、抒情。

二、段落勾连功夫：留心"过渡""照应"

因为文章是有篇章组织构造的载体，不是单摆浮搁的词语堆叠（汉语知识意义上），这也是文章制作与汉语语法知识学习的不同之处：前者以后者为基础，但又以字词、句、段勾连、组织的有机整体超越后者的松散状态。李渔在《闲情偶寄·词曲部》"密针线"中将"编戏"比喻成裁制衣服，"剪碎易，凑成难"，而"凑成之工"全在"针线紧密"，一节出现问题，全篇破绽皆暴露出来。因此，写作者在注意遣词、造句的同时，还要注意锤炼由句组段、由段构层（或部分）乃至最终成篇的文章段落构制功夫。其中既有铺陈事物发展原委、摹景状物、感发情怀、解说事理、论证事理"叙描""说明""议论"之功，也有勾连句段、贯通意脉的"过渡""照应"（设置"伏笔"、线索）之功。无论如何，一个有着严密字、词、句、段、层序列组织的通畅语言整体，才能算是一篇文章。

（一）"过渡"要自然

"过渡"指文章各部分之间的衔接和变换。文章用于过渡、衔接的方式主要有关联词语和过渡句、段。

文章过渡一定要自然。行文过程的衔接、变换处，能自然过渡的就不用关联词语；能用关联词语顺利过渡的就尽量不用过渡句，能用过渡句解决问题的就尽量不用过渡段，不牵强少拖沓。

（二）"照应"要严密

"照应"指文章各部分内容之间的关照呼应，主要包括内容与标题、开头与结尾、前后文内容之间的相互关照。前后文内容的照应涉及埋"伏笔"和设置"线索"的问题。

"伏笔"指文章前面部分的内容为后面部分的内容所作的提示或暗示，主要表现形式为词语或句子。

"线索"指文章、将文中的人物和事件有机联结在一起的脉络和端绪，有主线和辅线、明线和暗线之分。线索清晰，文章才有稳定的连贯性和凝聚力，形成有机统一体。要想做到线索清晰，关键在于突出主线，并且处理好主线与辅线的关系。辅线要尽力简化，否则就会出现喧宾夺主的情况，造成注意力的分散和思维的纷杂。李渔在《闲情偶寄》中提出"密针线"的同时也提到"减头绪"，即为了突出主干，必须斫削旁枝："头绪忌繁"四字要"刻刻关心"。

一个乡村女人的一生（节选）

（开头）1948 年一个清冷的冬日，张海村张金环虚岁十九的独生闺女张素贞，不声不响嫁给了东十五里杨海村杨修成十六岁的二儿子杨奇勋，没带任何陪嫁。

当我高挑出众的婆婆张素贞把发辫梳成发髻，带上自己手编发网，手挽一花布小包袱，第一次张着小脚走进杨家所谓四间堂屋的纯"土垃围"院落时，她吃惊于自己年轻丈夫的家人之众与家舍之陋。

……

（结尾）小脚婆婆一生不让自己的女儿给自己剪发，当马尾辫梢打结得梳不通时，她会自己拿起剪刀剪一点，然后再挽起用自己编织的发网束好。

公公去世时，小脚婆婆73岁，闺女们建议她把头发剪成短发好打理，怎么劝她都不同意。

三年后的春日，小姑子陪自己的母亲在老院堂屋门前的黑槐树下晒着暖梳头。45年前，公公亲手种下的槐树苗已经蹿成了道劲的老槐，风过处，枝叶摇晃。挽发时婆婆突然发现自己戴了几年的旧发网破了俩洞，她感慨许久未曾织新发网，便让女儿把线簸箩拿到院里，两股缝衣线搓成一股，眼花了线纫不进针鼻儿里去，女儿帮她，小脚婆婆笑意满面地赞着如今的缝衣线结实，嘲着自己的不中用，手却不闲着：左手食指绕黑线，右手拿穿上线的纳鞋粗针别来别去，一顿饭工夫不到，两块儿巴掌大的发网便从小脚婆婆手下妥妥出来。她又将四股线合起捻成细绳儿串在网子周边，留下活捆儿，发网就做成了。娴熟的技艺令一旁观景的我和三嫂凑近细看，线线相绕网眼细匀，忍不住连声称叹。见被儿媳夸赞，脸蛋红润润的老人家颇有成就感地长长舒了口气。

大伯哥走后，80岁的小脚婆婆灰白色马尾发越来越稀疏，摘下帽子便会看到发网无所握持地空悬在她脖颈上方。有天我们回家看她，她拉着我的手还是我们婆媳见面25年雷打不动的问候语：恁娘还好不？我突然发现她帽檐下露出的是齐耳短发，据说那是三嫂利索无比的杰作。小脚婆婆不让女儿们动剪自己的头发，但儿媳怎么拾掇她都能笑眯眯地接受：这样才好嘞，头发不锈洗头也省事了。她织的发网连同老院东屋墙上挂着的旧渔网，再也派不上任何用场，但她统统不让扔掉。后来大网被二哥拉去围东坑塘，她的发网被她东藏西藏最终自己藏没了踪影。

小脚婆婆终生都活在自己亲人们的包裹中，活在张海、西程海、杨海的亲人们为她搭构的空间里，她乐享其间，从不厌烦。每次见到人去看望，她总是满满的热情，甭管认得不认得，一见面总会拉着你的手：你吃饭了吗？

恁娘好不？快坐下，你站着咋……

　　她的儿女们也开始视她如孩童，85岁后她的耳聋越来越重，每当她笑脸盈盈地目送走一个她根本无从想起的人，儿女们便会在她耳边大声开玩笑：你认得人家是谁不，跟人家拉呱拉恁热乎？小脚婆婆便眯起眼一迭声地响应：我认嘞，我哪会不认嘞。

　　小脚婆婆去世一年后的今天，她的女儿们还在琢磨母亲的这句名言：人家都夸咱娘老了一点也不糊涂，多精、多会说话。其实，慢慢地，小脚婆婆谁也认不得了。

　　86岁生日过后，小脚婆婆头脑衰退的速度开始加快，但依然饭量不减：一天两包牛奶、三个以上的鸡蛋。她一生不挑食，但无比热爱牛奶和鸡蛋，尤其在生命的最后几年，她的身体康健，常常拐棍不拄就小脚颤颤地跑到村口，和碰见的所有人热情搭讪。

　　她的脑子变得时而清亮时而糊涂。她在大女儿家住了几个月，一直认自己的大女儿为大儿媳。小姑子说娘连她也是时常认不清，但只要一给钱就立马知道她是谁，手接着小女儿的钱还要用眼睛斜瞧一旁做饭的大女儿，以为自己照顾挺周到：桂梅，你也给你大嫂子几个钱，让她给我买饺子吃。不知哪个小辈送她一条新手绢，她也会高高兴兴地向女儿们诌：曦曦（我儿子的小名）娶媳妇了，这是他给我的擦脸布子。她依然会不做任何铺垫地说起她西程海的俩表侄：你说柏臣柏相兄弟俩多好，多知道疼人。

　　女儿、儿媳孙媳们都像听笑话一般说起小脚婆婆的这些槽段，但她的儿子们却讨厌有关老娘段子的任何流传。

　　2017年晚春起，87岁的小脚婆婆表达出强烈的愿望：不再住任何一个儿女家，要回自己的老院。她迷糊到住那个儿女家都搞不明白，却非常清晰地记得自家老院落的位置和里面的一切，她固执地从杨海大儿媳家、二儿子家或三儿子家一次次脱身出来，跑进老院。由于担心老院年久失修的房屋不再能承住，我们紧急商议，由我们家出钱、二哥出力，紧锣密鼓地开始为小脚婆婆翻盖老院房屋。

　　这一年的腊月十六，小脚婆婆走进了刚刚安上门窗空调、新翻盖成的老宅院，竟一点不犯糊涂：到家了。她二儿子、四儿子的眼泪立时流了下来，无论模样怎么改变，他们的老娘依然认得自己和男人倾尽所有辛苦操持起来的家。婆婆还跟她的儿女们要她原来放在东屋里的渔网。大网早已烂糟到无法从东坑塘边拉回，只有一个拱兜网，因为跟棉车放在一起未毁坏，才算勉强糊弄过了她的眼。

戊戌年正月十六，小脚婆婆过最后一个生日，看到满屋都是贺寿的人，她高兴得不停地起来、坐下，脸颊泛红，招呼完这个招呼那个，拉着人的手久久不放。虽然她不再能分清眼前的我们都是谁跟谁，但我们是储存她记忆深处永远的亲人，她想起我们时自会把我们翻出来在阳光下晾晒，如同伴随她一生的渔网、发网，所以我们一点不担心她会暂时把我们忘却。

三嫂扔下三哥和孩子们专程从浙江返乡，住在新房中伺候婆婆。

正月二十九，小姑子去看她，小脚婆婆正与年轻时一同织渔网的大奶奶坐东配房床上说话，说她糊涂，她竟然一点认不错相熟几十年的老伙伴。小姑子买的大白兔奶糖，小脚婆婆一直爱吃，小脚婆婆拿起一颗"大白兔"剥开塞进大奶奶的嘴里：婶子，你也吃块儿。

小女儿临走，她送出大门，拉着小女儿的手恋恋不舍。

二月初二，三嫂伺候婆婆吃罢午饭，让她在正屋门口正对着太阳的沙发上坐着晒暖，三嫂走出大门跟庄上碰见的人聊天。下午一点多，小脚婆婆自己离开沙发走到门外，扶着门框喊道：我饿了，我还没吃饭嘞。三嫂听见转身笑着逗她：刚吃了中午饭咋又饿了？走，咱回家，我给你做去。小脚婆婆再次在沙发上落座，等着她的第二顿午饭，單衣右口袋里揣着一个剥了皮仍温热着的鸡蛋。

煦暖的早春二月午后，婆婆就这样坐在沙发上睡去，笑眯眯地迎着南天普照的太阳，任谁也不能把她叫醒。她不是饿，许是困了，这个属马的叫张素贞的乡村女人，一双小脚已在这世上走了足足88个年头，她想歇歇了。

（作者：王丽娟）

以上节选的是《一个乡村女人的一生》的开头和结尾部分。《一个乡村女人的一生》是作者在（小脚）婆婆去世周年之际写的一长篇（三万多字）悼念散文，语言质朴，不事雕琢。为保持整篇文章意脉的贯通，作者在注重过渡、照应的同时，也注重线索的设置（"网"：渔网、发网），并充分发挥线索在叙事中的串联作用。

三、培养"语感"内敛能力："思维"与"想象"

写作中的语句是用来宣事明理、表情达意的，所以写作者所造之句不但要符合语法规范，句子成分主、谓不可残缺，让人明白"谁"（主语）在做、做（谓语）"什么"，另外，还要明白无误地告诉读者"谁"是"怎么"做的，这就涉及"语感"培养问题。

何谓"语感"？语感指"人对词语表达的直觉判断或感受"（《现代汉语词典》）。写作"语感"是感性与理性、经验与理论、具体与抽象交互作用的总和，并且带有浓重的个性化色彩，能体现出作者在选词用句上的个体风格和审美趣味。

"语感"的内敛能力，主要指"思维"能力与"想象"能力。

（一）"思维"能力

"思维"是人脑对客观事物的一般特性、本质规律的间接、概括、能动的反映过程。人不仅能够借助感觉器官观察、感知客观外物，而且能凭借思维器官对感性材料进行加工制作，间接地反映客观事物。

一般认为思维主要有三种类型：第一，形象思维，又称感性思维。形象思维是在整个认识过程中始终伴随着鲜活表象和生动形象的思维，具有具体性、鲜活性、生动性等特点。一般像诗歌、散文、小说等文学问题创作使用较多。第二，抽象思维，又称逻辑思维。抽象思维是指舍弃一般和具体，借助概念、判断和推理对感性材料进行抽象概括的思维活动形式，具有抽象性、严谨性、有序性等特点。无论文学类还是实用类文体的写作都离不开抽象思维。第三，灵感思维。灵感思维主要表现为一种突然的顿悟或豁然开朗，从而产生平时无法得到的思维结果。灵感思维具有突发性、独创性、机遇性等特点。

写作的过程中常常会遇到文思受障（冥思苦想，百思不得其解），又突然之间茅塞顿开、奇思妙想涌现脑际的现象，但包含着无限创作力的灵感不是凭空得来，是作者长期思索积累、酝酿的结果，就像明代诗人谢榛在《四溟诗话》中所言"尽日觅不得，有时它自来"，或者如清代学者袁守定语"得之在俄顷，积之在平日"（《占毕丛谈》）。美学家朱光潜先生曾在《谈美书简》论"天才与灵感"一文中提到过法国作曲家柏辽兹"罗马落水得曲调"故事：被人称为天才作曲家的柏辽兹曾经在为诗人贝朗瑞的一首诗谱曲时就遇到了思路中断的情况，诗的最后一句怎么也找不到自认为合适的曲调进行表现，无奈只好暂时搁浅。两年后他到罗马游玩，不慎失足落水，不料当他从水里爬出时他却顺口哼出一句乐调，幸运的是，这句乐调恰恰能接续上他苦思冥想两年的曲子结尾。"落水"虽为偶然机遇刺激，"得曲"实则是两年苦苦思索结出的果实。

由此我们说，写作者的思维能力是占据主导、控制地位的能力，贯穿于整个写作全过程：从材料积累（观察、发现）、立意（确立主题）、构思（选材、结构）到成文（表达、修改），思维的深浅度和是否有序，直接决定着观察与发现是否到位、立意是否深刻、选材是否精当、结构布局是否合理、语言表达是否精准，等等。

我们可以将形象思维、抽象思维和灵感思维综合起来，提出具有创新精神的"创造性思维"理念，创造性思维可以说是集形象思维、抽象思维、灵感思维的智慧于一身的混合、创新、升级版思维方式，它既具有形象思维的具体、生动性，又具有抽象思维严谨、有序性，同时又规避了灵感思维突发易逝、仅靠机遇的弊端。创造性思维突破了惯常思维定式，要求写作者根据思考对象和问题，灵活运用多种思维形式和思维方法，不断开拓新思路。

（二）"想象"能力

"想象"也是一种思维，是人脑对已有的记忆表象进行加工改造从而产生出新形象的思维活动过程（表象指经过感知的客观事物在头脑中再现的形象）。

想象可分成联想、再造性想象、幻想等几种方式。

联想（由已感知的事物回忆或联系到另一事物）是想象的初级阶段和基础，虽然并不创造新形象，但却可以为丰富想象的内容而提供材料。联想包括类似联想、接近联想、对比联想等。

类似联想是由于对某一事物的感知联系到与之在性质、形态等方面相类似事物的过程，比如看到吴承恩的小说《西游记》，我们联想到真实的"唐僧"玄奘法师撰写的《大唐西域记》、他的弟子撰写的《大慈恩寺三藏法师传》等真实的历史书籍。

接近联想是基于时间或空间上的接近，由一个事物联系到另一个事物的过程。比如，俄国诗人亚历山大·普希金的诗歌《一朵小花》中，看到"一朵遗忘在书本里的小花"，联想到摘这朵小花的人"是陌生的或者还是熟识的人的手"，就是一种空间上的接近。

对比联想是由于对某一事物的感知而联系到与之在性质、形态等方面相反或相对事物的过程。比如，杜甫的《自京赴奉先县咏怀五百字》中由"朱门酒肉臭"到"路有冻死骨"；鲁迅的《自嘲》诗中由"横眉冷对千夫指"到"俯首甘为孺子牛"。

柿树（节选）

柿树是黄河流域土生土长的古老树种，山东省临朐县山旺村的中新世"山旺生物群遗迹"中甚至发现了柿树叶化石。唐宋时期山东柿树栽培开始兴盛。晚唐山东籍文论家段成式在《酉阳杂俎》中说：柿树有"七绝"，"一寿""二多阴""三无鸟巢""四无虫""五霜叶可玩""六嘉实""七落叶肥大"，这"七绝"总结，也是为山东柿树扬了名。

明清时期山东柿树栽培已非常普遍。明代刑部主事蔡文范过鲁西，也曾留下"露脆秋梨白，霜含柿子鲜"，"山东饶地利，十二古来传"（《自瀛德趋东昌道中杂言八首》其三）的诗句。

如今，菏泽镜面柿、枣庄牛心柿、临沂鹅黄柿、长清车头柿子等都是华夏名品柿种，菏泽镜面柿更入列中国"六大名柿"，"桂陵柿叶"（"桂陵"旧址现位于菏泽鲁西新区东北部）也当仁不让成为菏泽古八景之一。深秋时节看到经霜晕染的菏泽柿树叶，又大又有质感，形秀色艳可媲美红枫，不禁让人想起清代顺治年间曹州（菏泽旧称）学正苏毓眉的《桂陵柿叶》："桂林何处是，齐魏已成空"，"唯有千林柿，来看十月红"……

柿树深褐色莲花托，总是让人想起白石老人暮年的大量柿果画。每一尺幅上耀眼的除了青、红的柿脸，就是那深色的柿蒂，自然，柿蒂旁透着闲趣的毛茸茸小鸡、小老鼠、螳螂或蜻蜓也惹人怜爱。画幅中的一众柿子，或隐于柿叶或置于篮中盘里，或挑逗八哥、鹦鹉、喜鹊，或与白菜、花生、芋头、葡萄为伍。

还有张大千著名的《利市三倍到白头》画幅：枯劲虬曲的两柿干前后分明，淡墨疏叶间三颗朱砂红柿果饰配赭褐色柿蒂，一只白头翁怡立枝头。大千居士创作此画是在巴西圣保罗附近的"八德园"，20世纪50年代，张大千移居巴西后，相中了圣保罗附近摩吉镇上一片有着200多亩柿树的土地，并在那里建起了一处居所。他之所以将这处居所命名为"八德园"，也跟段成式所谓柿之"七绝"有关。大千居士认为段成式的柿树"七绝"（也即"七德"）不完备，加上自己总结的第八绝"柿叶煎水可治胃病"才能道尽柿树的好，这柿树"八德"即是张大千"八德园"名字的来源。

菏泽育才路"古柿树公园"中有26棵老柿树，是400年前明代柿林的残存，眼下已算得上城市最壮观的柿林风景。二十几米高的古柿树裹着刀刻般方块裂片，深裂纹沟里会隐约透出迷人的栗色，它们神姿苍健，依然能每年准时散叶开花坐果……

（作者：王丽娟）

《柿树》综合运用了类似联想、接近联想、对比联想等多种联想方式：由当下现实生活中的柿树、柿叶，联想到古代段成式、蔡文范、苏毓眉的文和诗，用的是接近联想（同一空间不同的时间）；由当下现实生活中的柿树、柿果，联想到画家齐白石、张大千"柿"画，用的是类似联想（艺术表现与生活的相类似）；由唐代段成式柿树"七绝"总结，联想到画家张大千"八绝"总结、"八德园"，用的是对比联想等。

再造性想象是根据语言文字、图像或事物描述，运用已有经验，在头脑中唤起、形成具体形象的过程。再造性想象对文学创作、文学欣赏都有很重要的意义。比如《西游记》中孙悟空"黄发金箍，金睛火眼"、毛脸猴腮的形象，据专家考证是吴承恩根据甘肃东千佛洞（北朝时期绘制）"玄奘取经图"彩色壁画中的跟随在玄奘身边的猴面"行者"形象（有说猴面为玄奘西行所收的第一个弟子胡人石磐陀），又参考《大唐西域记》《大慈恩寺三藏法师传》等众多资料创造出来的。而每一位读者在阅读《西游记》时，心中"再造"符合自己审美标准的孙悟空形象。

散文《戚夫人：人性有多幽深》的开头，作者便运用了再造想象，拟写了戚夫人成为人彘后的复杂心理活动，难以承受的肉体痛苦、眩晕，与清醒瞬间对故乡的碎片化回忆交融在一起：

幽深旋转的黑洞，悬浮，回落，回落，悬浮……这是哪里？

我还在永巷吗？为何我什么都看不到，听不到，也触摸不到？现在是黑夜？黎明？寒冬还是仲夏？下沉，下沉，我只揣觉到自己缥缈气息里蔺蜀着的丝丝腥咸……

热浪迭涌，绵绵包裹着一切。我慢慢飘至半空了吗？如此轻悄，如此迟缓，像失重的羽毛、风筝，离开汉宫，离开了长安城，一路向东，向东，我又看到了熟悉的故乡，诸侯四通、天下之中的陶地。那蜿蜒东西的氾阳河，氾阳河两岸霍霍燃烧着的黄色油菜花海，还有那高高丰茂桑树掩映下的小村——戚家寨。

爹，娘，我回来了，你们看到我怎么一点不惊喜？爹娘为何还是十年前的老模样，粗衣短褥在土坯院落里低眉相对？

旷野笼在薄暮昏黄中了吗？我怎会又听到马蹄疾驰还有震天的喊杀声，大王是你吗？是兵败彭城后的你单骑匹马拖西楚项王数千部卒追杀，朝着戚家寨落荒而来吗……

（作者：王丽娟）

幻想是一种特殊、极致的想象方式，是根据某种愿望或心理期待创造新形象的过程。神话就是通过幻想创造出来的，幻想受人类意愿支配，人类美好的愿望在现实世界中不能实现，就用幻想通过艺术世界呈现出来。比如"女娲抟土造人""夸父逐日""嫦娥奔月""精卫填海"等；比如当代作家刘慈欣的《乡村教师》《流浪地球》《三体》（系列）等科幻小说。

附：关于提升"语感"内敛能力的实践案例分析

在实际教学过程中，常用"变形"方法对学生进行实践训练。即要求学生将"自我"情感投射到"外物"（人、事、物、景）上，试着写"自我变形"（花、鸟、虫、鱼……皆可变）的文章，借此锻炼思维能力和想象能力。

万物皆可变

我这短短的二十年如同机器上的螺丝一般，小学在一处，初中在一处，高中在一处，现在，我来到了另一处：位于齐鲁之地的菏泽学院。

今天我将"变形"，世间千千万万的物让我代入，真是烦恼又快乐。

我是一个慢节奏的人，大可能会是一匹骆驼，缓慢地走在广袤无垠的沙漠中，耳中回荡着驼铃的当啷、风沙的呢喃，我的肩上是舞女身上的丝绸，是绿洲地里埋藏的绿芽，是古路上的金黄。漫漫的黄沙路每日来都不似从前，每夜的星斗却永在原处为我指引。

额尔齐斯河——我的母亲河岸边的鹅卵石也可能是我，每日惬意地躺在岸边，不似海边，涛声震撼，只有河底水流与砂石的耳鬓厮磨。到了春日，远处雪山的融水汇入河流，将我带向新的远方或是旧日故地。

我想是一场暴雨，瓢泼的雨滴砸在大地上，留下坑坑洼洼的地表。唤来山洪，在峡谷裂缝中奔涌，比万马奔腾还要壮烈，比万千将士阵前的怒吼还震撼，摧枯拉朽地冲击着应当冲洗的一切。待到拨云见日，便是山花烂漫时。

我想变成奶奶身边的一棵槐树，在不落叶的秋天，在未下雪的冬季，在农家小院，有树下摘菜的奶奶，石阶上打盹的狗，枝头间清新爽口的果实，树梢里轻盈来去的麻雀，窗檐边不见了蜜蜂的蜂窝，墙角旁缩在了壳里的蜗牛，远处的学校传来了钟声，眼前老屋飘动着炊烟……

（作者：张杰龙）

"三轮车"变形记

一天早上，我睁开眼睛，一伸手突然发现自己的手臂变成了金属把手，并且已经离开自己所居住的宿舍，变成了一辆停在宿舍楼外的电动三轮车。

难道这是梦想催的？升入大学的一年多时间里，每当外出看到电动三轮车从身边驶过，就会产生要拥有一辆的想法，为什么呢？如果需要搬宿舍，最好的工具就是三轮车，三轮车的体积大，可以拉上我们宿舍所有人的东西。不光如此，出行的时候，可以用一辆车载上六位舍友，三轮车对我们住宿舍的人而言太有用了。没曾想，拥有一辆三轮车的想法没实现，自己却变身成了一辆三轮车。

舍友们知道我的遭遇后，都表示了深深的同情，她们也常常来到我身旁扶着我的金属把手安慰我，但无论怎样，我的变身已是铁打的事实。

从变身这天开始，我就成了我们宿舍的万能工具：将五位舍友的快递都包下来，解放宿舍所有人的双手；同时还解放了舍友们的双脚，每天载着她们上课可以让她们在车上多睡一会儿，不必再迈着沉重的脚步步行到遥远的老文科楼了。另外，到了周末，她们都想到市内繁华街区逛逛或者到心仪的餐馆去吃饭，但又舍不得出打的费，这时我的用处又来了，载着五个人上路，既可以省下打车钱，又可以让五个人同时到达目的地。

但是，渐渐地，我发现，作为一辆三轮车，我没办法吃饭，没办法和舍友们在宿舍里耳鬓厮磨，也不再能和舍友们肩并肩、手挽手一起走路。这样一来，我变成三轮车初期的喜悦就被一点点冲垮了。我还是想成为一个人，不想成为冷冰冰的金属失去人的正常生活，还有人的日常交际。我发现身为万物灵长的人的确创造力无穷，可以做别的生物所不能做的很多事情，比如：上网、读书、写作、发明各种电器……而作为三轮车，除了作为代步工具，我就没有别的能力了。

越想我越伤心，我号啕大哭起来，可是作为一辆三轮车，没人能懂我。

再次醒来，我迷迷糊糊伸出手，手臂肉乎乎的，我还是肉体凡胎的一个人，啊，原来是一场梦啊……

（作者：高玉洁）

以上是两篇为菏泽学院人文与新闻传播学院 2019 及汉语言文学专业学生的自我"变形"练习作业，各有千秋：第一篇为一新疆籍学生所作，以"万物皆可变"为题将自己变身为骆驼、槐树等物，寄寓了较为丰富、复杂的思乡情感，比较务虚；第二篇为一山东本土学生所作，以"'三轮车'变形记"为题，想象自己变身为普普通通的三轮车为同学服务，表达了质朴、甘于奉献的美好愿望，比较务实。

四、培养"语感"外化能力："叙述""描写""说明""议论"

培养"语感"的外化能力，一是应从多阅读、学习好书好文开始，规范自己的用语习惯。刘勰在《文心雕龙·神思》中强调阅读对写作的重要性："积学以储宝""酌理以富才""研阅以穷照""驯致以怿辞"，然后才能"寻声律而定墨""窥意象而运斤"。韩愈在《答李翊书》中言说的观阅"三代两汉之书"，畅游"诗书之源"，也是提倡通过阅读"雅正"之书培养规范的语感。本书著者在引导学生辨识树木、飞鸟名字的同时，也会将鲁迅的散文《从百草园到三味书屋》、冯骥才的散文《珍珠鸟》等现当代散文名篇推荐给学生阅读。阅读选择大体上可分为两种：第一种是找适合自己的书读，第二种是只要是好的、优秀的作品，都拿来读。"好"与"优秀"应该是世所公认的、有"定评"，不能依据个人好恶进行决定。这两种情况或者说两个阅读阶段，都是我们应该经历的。它们是交叉的、相容的、可以共存的，两种阅读方式缺一不可。阅读与自己风格接近的作品可以助推、巩固创作个性，汲取不同风格作品的营养可以开阔审美品位和眼光，能使创作个性更加成熟。

培养"语感"的外化能力，第二个方面是要学习掌握并不断提升"叙述""描写""说明""议论"等多种表现能力。

（一）"叙述"与"描写"相辅相成

"叙述"，指作者对客观事物状况和发展过程所作的概括性交代和表述。

"描写"是逼真、传神描摹客观事物形状的具体性交代和表述。

"叙述"与"描写"的对象都是客观事物。只不过"叙述"运用的思维方式主要为抽象思维，重客观事物面貌的呈现，具有客观对象概括化、平面化、理性化的特征；而"描写"运用的思维方式主要为形象思维，它重视感官印象的再现，具有客观对象具体化、立体化、感性化的特征。

1. 叙述六要素

叙述的类型大致可分 5 种：顺叙、倒叙、插叙、补叙、分叙。叙述有六要素，大致归结为 6 个"W"（Why、What、Who、When、Where、How），即：为什么写？写什么？谁在写、在写谁？什么时间？什么地点？怎么写？

确定写作动机、目的（想清楚为何要写这篇文章、要达成什么目的）。

确定写作主题、内容（想清楚文章所要传达的意旨、如何立意）。

确定写作者身份、文章人物身份定位（想清楚基于写作者身份，文章口吻如何匹配；想清楚文章人物身份及姓甚名谁，语言如何匹配）。

要有清醒的时间意识（想清楚写作者时间、文章内容所涉时间）。

要有清醒的空间意识（想清楚写作者地点、文章内容所涉地点）。

但在具体的行文中，由于交际目的和语言环境不同，对六要素的要求并不完全相同。新闻、应用等实用类文体对六要素的要求相对严格，其他文体则有所侧重。在具体的叙述环境中，有些要素由于读者已经非常清楚，可以不必完全都配备。有时也有模糊某些要素的情况，比如动机、目的的模糊化，"由于众所周知的原因"或"这样或者那样的原因"等；时间的模糊化："在历史的某一特定时刻"或"不久以前""很久很久以前"等；地点的模糊化："某些地方"或"很远很远的地方"。这是对人物或者事件的模糊化："某些人""某些事""史无前例的事件"，叙述过程中可以根据具体情况灵活处理。

2. 叙述人称与叙述视角

叙述人称和叙述视角是叙事类作品写作时常会涉及的两个概念。叙述人称指文章中叙述者的人称范畴。叙述视角指文章叙述者观察的角度或立足点。叙述视角影响着读者对文章主题、内容的判断，叙述视角有时外显为叙述人称。

叙述人称主要有第一人称和第三人称两种。

第一人称叙述，也即主观叙述，指以当事人"我"（或"我们"）的口吻叙说所知、所感、所思，一般以单人称"我"出现（第一人称叙述也有用"我们"的，比如美国作家威廉·福克纳的短篇小说《献给艾米丽的一朵玫瑰花》）。运用第一人称叙述，优势是"我"视角可以缩短叙述者与读者之间的心理距离，让读者在不知不觉中对"我"产生亲切感、信任感，同时也便于直接展示叙述者的心理活动；劣势是叙述者视野受时空、心理等因素的限制较多。

第三人称叙述，也即客观叙述，也被称为超人或全能视角，指以局外人"他"（或直呼"他"之姓名）的口吻转述所知、所感、所思。采用第三人称叙述的优势通常被认为正是第一人称叙述的劣势：视野不受时空、心理等因素的限制，可以全方位展现客观世界的内容，叙述姿态可以更加冷静、客观、全面；劣势是缺少现身说法的亲切感、直接感，容易使读者与叙述者之间产生一定的心理距离。但这只是第三人称运用的一般规律，许多创造力非凡的作家其实并不受这一规律的束缚。比如法国新小说派代表作家罗伯·葛利叶的短篇小说《嫉妒》，第三人称叙述者的大部分视线被锁定在自家的热带种植园住所中，"他"几乎从不正面现身，"他"能提供给读者的"视角"信息主要是：透过住所打开的几扇窗户看到女主人阿X的身影出现在书房里、卧室里、餐厅里（与邻居弗兰克一起用餐），看到阿X出现在"有顶的宽廊子"露台上（与弗兰克一起坐在茶几旁的椅子上喝咖啡、聊天、看风景），还看到阿X坐车离开种植园住所（与弗兰克一起）等，而看不到的地方（包括在住所餐厅、卧室被妻子衣裙、手臂遮挡住的位置）发生的事情他一概不知（有时会听阿X、弗兰克的转述）。小说一共分九章，首、尾章都被起为"现在，柱子的阴影……"，而每一章都会多次提到撑住露台"廊顶的西南角"的柱子阴影随着太阳光线变化发生的挪移……循着这些蛛丝马迹，读者不难猜测得出叙述者"他"的立足点主要是位于撑住露台"廊顶的西南角"的柱子后面，而"他"：一个暗中偷窥者，究竟是女主人公阿X的丈夫还是别的什么人，读者也只能靠猜测。总之，"他"不是一个全知全能的第三人称叙述者。

另外，还有一些采用第二人称叙述的作品，即以"你"的口吻叙说所知、所感、所思。第二人称叙述稍显复杂，主要分两种情况：一种是文章中虽然出现了"你"，但整篇文章叙述视角仍然是第一人称的（常见的体裁有书信或书信体作品，还有悼亡散文、抒情诗等）。比如朱自清追念过世妻子武钟谦的散文《给亡妇》，整篇都是对被称为"你"的亡妻生前点点滴滴生活细节的回忆，给人的感觉仿佛是叙述者"我"与"你"的隔世对话一般亲切。第二种情况是真正的第二人称叙述，主要会在一些实验性、先锋性小说体裁中出现，比如法国新小说派代表作家米歇尔·布托尔的《变》、意大利作家伊塔洛·卡尔维诺《寒冬夜行人》等。米歇尔·布托尔《变》主要写"你"（一位在巴黎工作的已婚意大利人德尔蒙）乘坐火车到罗马探望女友塞西尔途中的心理活动，"你"时而回忆过去，时而也畅想未来，最终"你"整理清楚思绪回到现实，决定取消对女友的探望行动。伊塔洛·卡尔维诺的《寒冬夜行人》中的"你"身份则不固定，有时是小说中的主人公"男读者"、有时是小说中的其他人。作者为了制造一种开放式的阅读效果，也防备人们将他精心设置的第二人称叙述混同于第三人称，也没有给小说中的主人公"男读者"起名字，"男读者"在接二连三的阅读试错纠结中，最终揭开了书籍版本出错的秘密，并且与另一位错误书籍版本的受害者"女读者"走在了一起。

很多作者也会根据叙述需要在一篇作品中综合运用多种叙述人称，借以拓展写作时空与读者的阅读视野。

美是一种伤害（节选）

（开头）隔壁车厢小儿的哭噪在成人粗粝鼾声中弱了下去，钢铁轨道轰咣咣咣的变奏像嘶吼的怪兽，销蚀着行进中的暗夜。沉实睡眠于旅途的我终是奢望，周云蓬《绿皮火车》怎么说，"想象着那些地名，仿佛摩挲着口袋里一块块温润的玉石"。梦断梦续，心野开满 K1014 另一端城市幽园、深巷、河流的花朵。

"哐当"一声列车停了下来，车外有灯光闪现，但未听见车门开阖的嘈杂。应是临时停车让道。出曹州，向东拐一大弯南下，这车路线设计略嫌诡吊，向南直走商丘岂不更顺捷？我有些后悔选乘了这趟温吞吞的行途。几分钟后，列车又重新晃动起来。窗外灯影延续着明灭交替，半睡半醒的状态让梦幻出离着现实，闷重的火车难道是马匹在前方牵拉行走？那是谁？160 年前一位盛装的女性，乘坐棕红色四轮马车，像翩飞的蝴蝶往来于欧洲大陆一座座城市……

是法国一部老电影《洛拉·蒙特斯》中的镜头？莱茵河畔一次春天的旅行？豪华四轮马车载着两个同样精力旺盛、希望将整个世界揽入怀中的一对男女：洛拉·蒙特斯与李斯特……

列车临近鲁苏边界又一次临时停车，两位列车员小声嘀咕着打车厢快速穿过，迷迷糊糊小睡了一会儿的我此刻醒着，苏北名城徐州就在前方。

洛拉乘着自己的棕色马车，来到被厚厚积雪覆盖着的巴伐利亚，雪仍在下，但她知道自己会穿过雪雾走近路德维希一世……

绿色列车在徐州站停靠 11 分钟后，黑蒙蒙夜色中继续赶路，皖北地界转瞬即至……

在欧洲三年时间里，赛金花随洪钧频频出入各国宫廷和社交界，自幼受过诗书濡染的赛金花有着极高的语言天赋，到欧洲不久凭着聪明伶俐，便能说一口流利的英语、德语，经历过迎来送往花船生活的她又具备一般中国良家妇女没有的超强社交能力，以至于比传统臣宦丈夫洪钧在欧洲上流社会收获更多的好感。她和洪钧游历过柏林、圣彼得堡、巴黎和伦敦，见过德意志皇帝还有首相，本身特有的东方气质和风度还被德意志皇后赞誉为"东方第一美人"……

（结尾）一觉醒来，车窗外天已大亮，车厢内旅人睡眼惺忪来往走动或廊桌旁闲坐，列车在轰响声中正一路驶向苏州，那里有悬桥巷的槐荫堂，那里有拙政园的鸳鸯馆……

（作者：王丽娟）

《美是一种伤害》采用了第一人称与第三人称交叉叙述的方式，以现实时空中乘火车旅行途中"我"的感思为串联视角，将两位东西方著名的"美女"——18世纪欧洲的洛拉·蒙特斯和19世纪中国的赛金花做横向对比，有我之境与无我之境跨时空交织，借以突显畸形张扬之"美"毁伤女性的主题。

3. 细描与白描

"描写"方式大致可分为工笔、白描两种。

（1）细描

细描，又称工笔，是指用笔工整、注重细部刻画的一种描写手法，特点是多选择一些色彩浓烈的词语、运用各种修辞手段对人事物态进行精雕细刻，以达到形神丰满、惟妙惟肖的描写效果。

比如朱自清的散文《月朦胧，鸟朦胧，帘卷海棠红》中著名的细描段落，堪称初学者学习的典范。作家对所见画幅进行深度观察和精细研阅，然后以浓墨重彩的笔墨多角度、全方位地再现画家马孟容的一张"尺多宽"绘画作品，从画幅左上角的斜卷的"帘子"写起：帘子上的软金钩、软金钩"钩弯"上垂下的似"小曳于清风"中的石青色穗子纤毫毕现；接着写画幅右边似睡美人脸的"圆月"：纯净，柔软、平和；然后又写一支从"帘子"上端向右下方斜伸的"海棠花"：花叶嫩绿、花色"妖"黄、花枝如"少女臂膊"，而且枝上歇着一对"八哥"：黑色、背对月光、面朝"帘里"、小眼"半睁半闭"……这段描写，"描"中有"叙"，以"叙"串"描"，作家借助拟人、比喻、通感、夸张等多种修辞手法，把画幅细部逐一放大，形神兼具、栩栩如生。细描文字可以吸引读者从容欣赏，细细品味，这也是它的优势所在。

还有巴尔扎克的短篇小说《萨拉辛》，其中的描写也可以作为学习工笔细描的范本，尤其是叙述者"我"对老年赞比内拉在巴黎一场舞会上出现时的肖像描写：

老人的背已经弯得像终年劳苦耕作的长工，但是不难看出，他的身材原本和正常人一样。他极端羸瘦，四肢细弱，说明他的体型始终是纤瘦的。他穿一条黑绸短裤，裤子在干瘪的大腿周围晃荡，起了很多褶子，活像一张卸下来的船帆。两条又细又短的腿支撑着奇怪的躯干……因为出奇的瘦，上下腭骨非常突出，双颊成了两个大陷窝。脸上凸出的部位受到光线程度不等的照射，形成古怪的反光和阴影，越发使这张面孔不像一张人脸……当老人把目光移向听众时，那无光的眼珠仿佛是靠一种看不见的人工装置来转动的；当眼睛停止不动时，观察者简直怀疑这双眼睛曾经转动过。

　　这段肖像细描中译文有 900 多字，巴尔扎克不厌其烦地精雕细刻老年赞比内拉的"瘦"和"丑"，令人看后不禁心生畏惧之感，并且巴尔扎克接下来还对他身旁年轻的罗什菲德夫人的肖像也进行了细描，极力写少妇"雪白的颈脖、臂膀""丰满的体形""围着晶莹洁白"额头的秀发、"焕发出柔媚、清新"光彩的眼睛等，"我"甚至发出了这是"生命与死亡的结合"的感慨。

　　篇幅不长的《萨拉辛》（中译本只有 2.5 万字左右），曾被法国文学评论家罗兰·巴特分割成"评估""解释""巴尔扎克式的文""沉思的文"等 93 个问题进行详细解剖，并出版了一本 20 多万字（中译文）的论著 *S/Z*。罗兰·巴特的 *S/Z* 也算得上是学术研究方面的细读范本。

　　但是，写作中如果一味地使用细描，会将事物进程展现的速度拖慢甚至将之完全置于"静止"状态，因此在写作过程中最好能与"白描"配合使用。

　　（2）白描

　　白描指用笔简省不加渲染烘托的一种描写手法，特点是不选用色彩浓烈的词语，只以直观的手段不加修饰地勾勒人事物态的大体轮廓或突出特征，显示其内在神韵。如果说细描文字像纤毫毕现的工笔画，白描就像漫画、简笔画。《世说新语·巧艺》中曾提到东晋画家顾恺之的论画语："手挥五弦易，目送归鸿难"，是说画人"送归鸿"的神态比细致摹画人"手挥五弦"的整体形貌更难。苏轼曾在《书陈怀立传神》一文中举例说明作画不必"举体皆似"，只要"得其意思"便可传神的道理，得"意思"也即抓人的突出特征，而特征因人而异，有的在"眉目"，有的在"鼻口"。苏轼偶然在灯下发现自己面部突出特征在"颧颊"，还让人给自己作了一幅没有眉目只有"颊影"的侧面勾勒画，而"见者皆失笑，知其为吾"。这也是白描带给人们的质朴又传神的效果。

　　写作与绘画的道理是一样的，抓住人事物态的神韵特征进行描写的功夫应该被所有的写作者们重视，形似重要、神似更重要。鲁迅在小说《幸福的家庭》（1924 年）中运用的白描手法具有很大的启迪意义：一位意识到"须得捞几文稿费维持生活"的男子"他"，"跳下卧床"，四五步走到书桌前开始构思"A 地"一个"高尚优美"家庭（主人穿洋装、主妇烫着头）的幸福生活，他们家的午餐"第一碗菜"应该上什么……突然耳边滑过"劈柴"二字，他吃惊回头，"靠左肩，便立着他自己家里的主妇"，"两只阴凄凄的眼睛"恰恰盯住自己的脸："劈柴价又涨了"；好不容易凑够劈柴钱打发走妻子，将构思中的家庭午餐第一碗"龙虎斗"摆上了桌子，男主人和主妇开始互敬互爱地夹菜……猛觉得背后很"热闹"，忍不住扭头，最先映入眼帘的是书架旁一座"下层三株，中层两株，顶上一株"白菜堆，向他叠成"一个很大的 A 字"，男子的脸"骤然发热"了，于是又开始勾画幸福家庭的"房子要宽绰"，白菜之类的杂物理应放在堆积房，主人的书房要有一间，卧室也要有一间，"床底下很干净……"就在这样想的同时，男子瞥到自己床下捆劈柴的稻草绳，他感到源源不断的劈柴就要涌进来了，他起身欲将房门关上，但又觉不妥，只放下了"积着许多灰尘的门幕"，他重又坐下继续构思。男主人的书房门永远是关着的，哪怕主妇找男主人谈文艺也要先敲门，等待回复"Come in, please, my dear."就在这时，他听到"啪"的一声，立马"腰骨笔直了"，因为依照经验，他知道这是妻子巴掌落在三岁女儿头上的声音，他想"幸福的家庭……"；女儿的呜咽声起，他还在想如果没有孩子"两个人干干净净"，或者"一个人干干……"；孩子的呜咽声高了起来，他走出外间，开了风门，看到女儿"躺倒在门的右边，脸向着地"，见到他"哇"的一声哭出来。妻子"两手叉腰"似乎预备练体操，"连你也来欺侮我！"连油灯也翻了，"晚上点什么？"

　　男子将女儿哄笑了，他看着女儿可爱天真的脸，正像五年前她的母亲，"通红的嘴唇尤其像"，男子陷入了温馨的回忆；正在这时，门幕忽然挂起，"劈柴运进来了"，他知道以后劈柴还会有源源不断地运进来，而且还会有"两只眼睛阴凄凄的"盯着自己……

　　《幸福的生活》中采用的是第三人称"他"视角叙述，出场的一共三个人物，描写各有侧重，但一律采取白描勾勒：作家对叙述者"他"几乎没有形貌描写，"他"没有名字，职业也没有交代，但读者靠"他"构思文艺小说的心理活动和窘迫生活细节呈现，可以猜测到他应该是一位卖文为生者，且并不成功。"他"的视野主要被限制在一个局促空间里：一处狭小居所的内屋，从床到书桌、从书桌到内屋门，内屋之外发生的事情全靠妻子转述（比如劈柴涨价）和耳朵听（比如窗外的叫卖声、女儿被妻子打巴掌的声音等），"他"唯一一次走出内屋也走出了外间，是因为听到女儿被妻子打巴掌了，并且"呜咽"声越来越高中断了他的小说构思。鲁迅先生只突出描写他的连串动作（"跳下"床、"走"到书桌前、"坐下""抽出"格纸、"写下"一行题目……"停"笔、"仰"头，两眼"瞪"着……"起立"，"走向"门口想"关"门、"触着"门、又"歇了"手、只"放下"门幕……"走出"外间、"开了"风门，"闻"得煤油气味……"抓起"绿格纸、"揉了几揉"、又"展开"给女儿"拭去"眼泪和鼻涕、"推开"女儿并将纸团用力地"掷在"纸篓里……）和心理活动（构思小说情节，并且被一再推翻；回避现实生活），还有他与妻子生活相联系的"劈柴"（并且也没有正面描写，只描写了床下捆劈柴的绳子、通过妻子知道和计算劈柴的价格）、一堆白菜；妻子只突出她的"两只眼睛阴凄凄的"；女儿只突出"红红的嘴唇""挂着眼泪"（那也正是五年前女孩母亲最突出的特征）。但三位人物给我们留下的印象可谓是栩栩如生，这得益于鲁迅先生活灵活现、生动传神的白描语言的应用。

朱自清也擅长运用白描手法，并且还以散文《儿女》（1928年）向鲁迅《幸福的家庭》致意。《儿女》中对五个可爱的儿女的描写也多写动作，多用动词，比如吃饭时争抢板凳场面：这个说"我坐这儿！"那个说"大哥不让我！"作家从"调解，说好话"到"叱责"，"叱责了还不行"，不由自主"手掌便到他们身上了"，于是"哭的哭，坐的坐"，"局面才算定了"；还有自己被孩子包围的小小苦恼：若"坐在"家里"看书"或"写"东西，肯定是一点钟里要"分"好几回心，或"站起来"一两次，孩子都在家时，"摊开"书"看不下"一行、"提起"笔"写不出"一个字的时候也有过……简笔描写，语言虽然平实、质朴，却将一位父亲看着儿女成长的由衷喜悦还有间或的"烦恼"展露无遗。

鲁迅先生在 1933 年写过一篇谈写作方法的《作文秘诀》（收入《南腔北调集》），文章结尾时提到白描的十二字"秘诀"："有真意""去粉饰""少做作""勿卖弄"。鲁迅是这样说的也是这样实践的，十二字白描"秘诀"有助于我们理解白描手法运用的要领。当然，这是白描的"秘诀"，其实也是"作文的要道"，"应该把它看作座右铭"，叶圣陶先生在《重读鲁迅先生的〈作文秘诀〉》时如此提醒后学者。

附："叙述"与"描写"交相呼应实践案例分析

"叙述"是最基本的表达方式，无论写什么类型的文章都会或多或少运用，而"描写"算得上是更精细一步的"叙述"功夫，主要适用于各种文学类文体。

在具体的写作过程中，尤其是叙事类作品（故事、小说、散文等），"叙述"和"描写"常常结合在一起使用："叙述"为经，有利于展现事物发展的纵向平面流程；"描写"为纬，有利于展现事物发展的横向立体画面，二者经纬结合，能使写作者对客观事物的表达更加准确、生动。

狐狸与刺猬之间（节选）

"狐狸多头？"第一次看到《刺猬与狐狸》，是十八年前一个早春天，昏暗拥塞的师专中文系阅览室里，正翻寻书架教参的我偶尔扭头发现，同事 G 君正长臂长身蜷于案桌前兴味津津阅书，见我勾了脑袋凑近，同事颇为骄傲地扬扬手中物，《俄国思想家》，以赛亚·伯林的，真好。正攻读陕西师范大学文艺学硕士学位的我，只课堂听导师尤西林先生提过此书却未睹真容。软磨硬泡下终抱书归，出阅览室已远仍能听到割爱不舍的同事粗亮嗓音：看完尽快还我，书折角处别抻开。我哑然失笑，真真"书痴"。

《俄国思想家》就这样到了我手中，"书痴"同事 X 君刚购得半晌，书主人的阅迹赫然折戟于第 26 页——伯林论托尔斯泰的《刺猬与狐狸》上……

然而《俄国思想家》我终究未还给 G 君，并且是被书主人特许。借书隔天，院系周四例会，我刚一露面即被 X 君叫住，以赛亚·伯林书主人要拱手赠送，知道我用得着，算同教研室前辈的殷殷关切。走路旋风般迅捷的 X 君未待正酝酿情绪的我万千言谢，话锋急转身形早已在乌压压人群间洒落：若再去西安，请给捎一本史铁生的《病隙碎笔》。我一脸讶愕，耳朵听错？分明余音飘来硬邦邦到不容商榷。这是嗜书人的痛偿之策吗？

十八年后的暮春四月，G 君的阅读折角仍停在《俄国思想家》第三篇《刺猬与狐狸》中途，重翻已略略泛黄的书页，小心翼翼的旧年折痕活力尽失却依然带着原书主摩挲时的沙沙响。十八年间不知他会否另寻他径将此书阅完？涉猎无所不包、大爱自由的 G 君应该不会轻易放过自由主义哲学家以赛亚·伯林，更不会放过名篇《刺猬与狐狸》吧？书角折痕外，我分明看到文中不止一处的黑色墨水旁注，那是书主人一向的阅习，也感叹十八年前尚未开始苦练书法的 X 君字迹远不如今日从容放达……

G 君一边写稚趣无限的童诗，一边做致思沉潜的古典诗。做童诗的 G 君如单向清激的"大知"刺猬，而仿古诗作如其散文更像习狡"多知"的狐狸。去年再见到，G 君仿龚自珍《己亥杂诗》的写作正进行到殚精竭虑处，一脸疲惫的 G 君只有眼睛是乌亮的，他一遍又一遍谈论着自己的诗作进展。向来标榜定庵为作古知己的 G 君君，充分施展三十年古典诗词扎实功夫，步瑹人 315 首杂诗一首一韵，"次第合之"……

（作者：王丽娟）

以上为《狐狸与刺猬之间》的节选文字，作者将"叙述""描写"结合在一起使用，叙中有描，描中有叙，叙述人称为第一人称"我"，描写以白描为主，不事雕琢地展现笔下人物 G 君的个性气质。

（二）"说明"要客观、条理

"说明"是对客观事物的性质、特征、成因、功用等进行解释或介绍的表达方式。

1. 说明的特点

说明是应用范围比较广泛的一种表达方式，是说明书、策划书、条文、法规、工作计划（方案）、工作总结、简报、通报、通告、（广告）文案等文体中最主要的表达方式。

客观性、条理性、平易性是说明这种表达方式的主要特点。

首先是客观性。说明以展现客观事物本身的性质、特征、成因、功用等为目的，是对"已然""已知"事实的介绍与解说。客观事物都是具体的，因此说明和叙述、描写在对象上具有表面的共同性，但由于表达角度不同，"具体"的内涵大不相同的。前者的"具体"是纯客观的自然存在，而后者的"具体"既包括客观的自然存在也包括人类主观精神情感关照过的"人化的自然"。当然，作者要想为读者解释或介绍某一领域的知识，自身必须具有丰富的相关知识才行，只有对客观事物和客观事理有真正的认识和了解，才能够做到解释和介绍的相对客观性。

其次是条理性。说明这种表达方式适合根据客观事物或者事理本身的内在联系，来安排介绍和解说的顺序，因此，它也具有相当明显的自然条理性，说明的顺序一般是按照事物存在的自然序列展开说明，格式也相对比较固定。比如各种药物说明书的说明顺序一般是：药品名称（中英文）、成分、性状、功能主治、用法用量、不良反应、禁忌、注意事项、药理作用、规格、储藏、有效期、批准文号、生产企业等。

最后是平易性。说明是对客观事物的解释和介绍，要想让读者清楚、晓畅理解作者所传达的信息，说明的语言在要客观、条理的前提下，语风还要平易、通俗。

2. 说明的类型

说明的类型主要有介绍性说明和阐释性说明两大类。

介绍性说明是对客观事物的特征、类别、功用等进行简单概括的说明方法。

阐释性说明是对客观事理的成因、演变过程或客观事物之间的联系等进行详细阐述的说明方法。

介绍说明是各种产品（包括药品）说明书、旅游宣传解说词等文体写作经常运用的说明方法，阐释说明是计划、总结、策划书、（广告）文案等文体写作经常运用的说明方法。

在具体的写作过程中，介绍说明和阐释说明常常配合使用：介绍说明中交织着阐释的成分，会使介绍显得更加客观；阐释说明中包含着介绍的成分，会使阐释显得更加具体、充实。举例如下。

菏泽学院人文与新闻传播学院
2019级广告学专业
《文献检索与论文写作》课程教学方案

为响应学校号召，将"专业人才培养方案"落到实处，特制定《文献检索与论文写作》课程2021—2022第二学期教学方案。

课程教学目的

了解和掌握学位论文撰写的一般规则和方法，以及撰写学位论文必备的文献检索知识和操作技术，能较为熟练地运用文献检索工具进行文献资料检索，为学位论文"选题"确立，以及"开题报告""初稿"撰写，做好前期文献资料搜集、查阅等准备工作。

课程教学任务

学期课程结束前，学生要在各自学业导师指导下，完成以下三项学位论文任务：确定并提交学位论文"选题"（初定）；提交文献参考资料"综述"；完成"开题报告"（初定）。

教学进度安排

第1—8周：主讲教师讲授课程基础知识，同时引导学生利用所掌握的文献检索工具、检索渠道，下载并研阅相关论文、著作等参考资料（电子、纸质图书均可），并要求学生在规定时间内提交学位论文"选题"（初定）、文献参考资料"综述"和"开题报告（初定）"。

第9—16周：教师团队（由专业全体学业导师组成）进驻课堂，学生在学业导师指导下（由学业导师带领进行分组研讨、指导），修改并初步拟定学位论文"选题""开题报告"。

第17周：主讲教师根据学生提交的学位论文"选题""开题报告"等材料，

并且经与全体学业导师商议后，给每位学生划定课程成绩。

（王丽娟"文献检索与论文写作"课程教学方案节选）

3.说明的方法

说明的方法主要有定义说明、注解说明、分类说明、对比说明、举例说明、引用说明等。

（1）定义说明和注释说明

定义说明是对客观事物的性质、特征等进行科学规定的说明方法。

注解说明是对字词、句段等进行标注、解释的说明方法。

定义说明和注解说明常配合使用，措辞准确、条理、严谨、科学。客观事物的存在方式都具有其独特性，这种独特性是由它自身的本质与特征所规定的。运用高度概括的语言对客观事物的本质属性和特征进行判断性揭示，可以达到从总体上把握客观事物的目的。

各种字典、词典等工具书中字条、词条释义运用的基本上都是定义和注解。比如，《现代汉语词典》（第7版）对"精神"一词条的解释就分别运用了定义和注解两种说明方法："指人的意识、思维活动"和"一般心理状态"（名词词性之一）；"表现出来的活力"（名词词性之二）；"活跃；有生气"（形容词词性之一）；"英俊；相貌、身材好"（形容词词性之二）。而对"精明"词条只用了注解说明："精细明察；机警聪明。"

另外，学术论文或论著中各种概念界定和引文的注解，运用的也是这两种说明方法。论文、论著中的注解有文中注解（"脚注"）和尾注（"参考文献"）两种情况，一般本科学位论文中的"脚注"不少于8条，"参考文献"也不能少于8条，并且必须包括论文和论著两种文献（在正规期刊或出版社公开发表或出版的论文、论著不少于总条目的三分之二）。

（2）分类说明和对比说明

分类说明是对客观事物的性质、特征、成因、功用等分类别进行介绍或阐释的说明方法。

比如，传统写作学理论典籍中对文章体裁类型的划分：

魏文帝曹丕在《典论•论文》中将其归结为"四科":"奏议""书论""铭诔""诗赋";西晋文论家陆机在《文赋》中将其归结为"十体":"诗""赋""论""奏""说"等;而刘勰的《文心雕龙》将文章体裁细分为"诠""赋""颂""赞""杂文""史传""论""说""议""对"等三十多类八十多种。

(王丽娟"基础写作"课程教案节选)

对比说明是将客观事物的特性做比较进行说明的方法。

比如,新闻类问题中"消息"和"通讯"特点的对比:

消息时效性强,重信息的快速传递(新、短、快);通讯时效性较弱,主要满足人们对新闻事实的深层次认知需求(较新、较长、较快)。消息运用的表达方式以叙述为主,通讯兼用叙述、描写、说明、议论等多种表达方式。消息的文体结构固定("倒金字塔"式居多);通讯文体结构多种多样。

(王丽娟"应用写作"课程教案节选)

(3) 举例说明和引用说明

举例说明是通过选用客观事例进行介绍或阐释的说明方法。

引用说明是通过引述客观事实材料或文献资料进行介绍或阐释的说明方法。

在具体写作过程中,也经常同时使用举例说明、引用说明两种说明方法。

比如,下列阐释"精神"概念内涵的一段文字,就同时运用了举例说明、引用说明的方法:

秦汉时期,"精神"也指人的意识或思维活动,比如宋玉的《神女赋》中"精神恍忽,若有所喜"句中的"精神"即是指人的意识或思维活动状态。唐代史学家李百药的《北齐书•废帝纪》中也出现了"精神"一词:"文宣怒……由是气悸语吃,精神时复昏扰"(废帝高殷即济南闵悼王做太子时,因心慈手软不忍砍杀囚犯惹怒了文宣帝，被文宣帝用马鞭撞"三下"，从此变得口吃、神志不清），这里的"精神"也是指意识或思维活动状态……

（王丽娟文章《"精神"与写作精神》节选）

（4）数字说明和图标说明

数字说明是运用具体数字介绍或阐释客观事物的说明方法。

图表说明是运用图示或表格介绍或阐释客观事物的说明方法。

在具体的写作过程中，数字说明的使用范围很广，因具有介绍或阐释问题具体、直接的特点，经常会和注释、分类、举例等各种说明方法一起使用。数字说明也常和图表说明并用，是实验报告、调查报告等文体写作常用的说明方法。随着互联网大数据时代的来临，图表说明的重要性日益凸显。

目前，高校课程"培养方案""教学大纲"等教学材料一般都要求做成文字加表格的形式，运用的说明方法主要是数字、图表等说明方式。比如：

课程名称（COURSE TITLE）	创意写作 /Creative Writing
课程性质（COURSE CHARACTER）	专业发展课（一）
课程代码（COURSE CODE）	X056002
学分（CREDIT）	1
学时（CONTACT HOURS）	32（理论 8/ 实践 24）
开设学期（OPEN SEMESTER）	5
先修课程（PRE-COURSE）	中国古代文学、中国现代文学、中国当代文学、文学概论、基础写作
课程负责人（COURSE COORDINATOR）	王丽娟

（王丽娟"创意写作"课程教学大纲节选）

（三）"议论"要严谨、周密

"议论"是对客观事物、事理或现象等发表意见或见解，并用证据加以证明的表达方式。

刘勰《文心雕龙》"议对"篇提到"'周爰咨谋',是谓为议",即广泛咨询商讨为"议";"事实允当"可谓通晓"议"体。《文心雕龙》"论说"篇又提到"论"为"弥纶群言"而"研精一理"的文体。虽然刘勰说到的"议"和"论"是两种文体,但他对两种文体本质特性的阐释,也可以帮助我们深入理解"议论"这种表达方式:"议论"既有"议"周密掌握事实的一面,也有"论"严谨研究事理的一面。

1. 议论环节五步骤

议论是理论类文体写作过程中常用的一种表达方式,也是包括几乎所有文章体裁都不可或缺的一种表达方式。

议论的组成要素主要包括:论题、论据、论证。议论的环节构成主要分为5个步骤:

第一步,论题选择要认真慎重。

作者要发表议论,一定要选择好论题(有时候会以"话题"或"课题"等其他形式呈现)。首先,选择论题前一定要做大量的案头工作:收集和研阅大量文献参考资料,或者社会调查、采访等工作,然后经过自己大脑不断的独立思索,才能最终摸索出一个大体论题范围(可以多设定几个选题目标)。其次,选择论题事关定方向、定格局的问题,一定要慎重考虑各个方面的制约因素,比如在有了选题目标之后,就必须考虑所选论题大的方向是否正确、是否符合社会公序良俗、是否有学术研究价值、是否贴合自己的研究专长、是否有一定的实践意义等,从而最终定下最合适的一个论题作为研究攻克对象。

第二步,观点提出要正确、鲜明、集中。

选择好论题后,下一步就要提炼观点的工作。观点是作者对所议论问题所持的见解或主张(观点被定为文章主题后就成为"论点"),观点的提出必须正确、鲜明、集中。所谓鲜明就是态度明确,不模棱两可。所谓集中就是一以贯之,善始善终。观点是选择议论材料的依据,是议论的出发点,观点不但正确、鲜明、集中,还要有一定的现实意义。观点一经确立,议论时就必须时刻围绕着观点来进行，不能偷换、转移或者是跑偏。

第三步，论据准备要确凿充实。

论据是观点提出的基础，没有确凿充实的论据材料，观点便只能是空洞口号。因此论据在议论中的地位非常重要，初学理论性文章写作者一定要注意论据（材料）的收集和提炼加工。确凿指材料的真实可靠，客观存在的、令人信服；充实指材料必要足够丰富，论据必须能证明观点，论据与观点之间具有同质性、契合性。另外，论据还必须有力，典型、有代表性，足以警醒耳目，清代文论家叶燮《原诗》中提出"无力则不能自成一家"虽然是就文章整体语言风格而言的，但证据的有力也是非常重要的。论据材料的收集有直接和间接两种途径（也即第一手材料和第二手材料），通过直接或间接渠道收集来的论据可分为事实论据（包括事例、文献资料、统计数字等）、理论论据（包括科学原理和成语典故、名言、格言等）。

第四步，议论思路要清晰条理。

议论思路要做到畅通、清晰。在评议、论证正式开始之前，作者首先要理清思路，想清楚自己到底要主张或证明什么观点；在研阅过的大量前期文献资料或调查、采访得来的资料中究竟该选择出什么的事实或理论材料（论据）来证明已经确立的观点；继而考虑用什么论证方法合理阐发或证明已经确立的观点等。甚至还要考虑议论文字究竟要分几个部分、每一部分的题目应该如何确定等。可以试着以列提纲的方式确立议论的基本思路框架，可以按照"发现问题—提出问题（观点）—论证（或评论）问题—解决问题（得出结论）"的自然逻辑顺序。

第五步，论证过程要理论联系实际。

思路理清后，就要循着既定的思路一环扣一环地展开用论据证明观点的论证（或评论）过程。一定要注意议论过程的严谨、周密，观点的阐发做到有理有据。在关注相关领域前沿研究信息，紧贴自己研究领域、专业特长寻求理论支撑的同时，密切联系社会生产实践，以确保在研究视野开阔、高远和实践认知专注、务实的前提下展开观点的阐发，另外在论证过程中一旦发现自己议题、论析有欠缺之处，注意及时校正、改进。

2. 议论的方法

在展开议论、阐发观点的过程中，经常使用的议论方法主要有归纳法和演绎法、例证法和引证法、对比法和类比法等。

（1）例证法和引证法

例证法是以真实事例作为论据来证明观点的议论方法，特点是叙、议结合。

引证法是通过引用包括各种科学原理、文献资料、名人名言、成语典故等作为论据来证明论点的议论方法。注意引用资料的真实性、科学性、权威性。

刘勰《文心雕龙·议对》中一段论说"议"体文写作特点时，就运用了例证法。先提出观点：

"议"体文写作"以辨洁为能，不以繁缛为巧"（贵练达简洁，忌繁冗虚浮），议论事理"以明核为美，不以环隐为奇"（贵明晰翔实，忌玄奥隐晦），"此纲领之大要也"（这是"议"体文的基本要领）。

然后，举晋人"贵媵贱女"和郑人"买椟还珠"的典故进一步论证观点：

"昔秦女嫁晋，从文衣之媵"（从前秦穆公的女儿嫁进晋国，陪嫁了很多服饰艳丽的侍女），"晋人贵媵而贱女"（晋国人重视陪嫁的侍从却轻贱秦穆公之女）。"楚珠鬻郑，为薰桂之椟"（楚国有人到郑国卖珍珠，用熏过桂香的精制匣子盛装），"郑人买椟而还珠"（郑国人只买盛装珍珠的匣子，而将珠资退回）。"若文浮于理，末胜其本"（若文辞悬浮于所论道理之上，形式胜于内容），那么就如同"秦女""楚珠"的故事，"复存于兹矣"（又出现在今天了）。

（2）对比法和类比法

对比法是通过两种（或两种以上）事物或事理性质、特征等的对照、比较（找出差异性或对立点）来证明观点的议论方法。

类比法是将两种或两种以上事、理（特性）做比较以便找出共通性或相同点来进行议论的方法。

对比法：韩愈《原毁》的第一段和第二段，在议论"今之君子"品行与"古之君子"品行不可同日而语时，就运用了对比法：

"古之君子"其"责己也重以周"，其"待人也轻以约"（古之君子，以舜和周公为榜样，时时反躬自问。对自己要求严格、标准高，对别人要求宽松、标准低）……

"今之君子"则不然，"其责人也详，其待己也廉"（今之君子则相反，严以待人，宽以待己）……

类比法：刘勰《文心雕龙·论说》中一段分析"论"体文章写作要领的文字，就运用了类比法，将"论"体写作贵在正确解析道理和劈砍木柴贵在顺纹理劈砍相类比：

"是以论如析薪，贵能破理"（写"论"体文就如同劈柴，贵在纵向顺着纹理破开）。"斤利者越理而横断"（斧子太锋利，就可能会越出纹理横着把木柴砍断）；辞辨者反义而取通（如同横向越理砍柴，巧辩者违反正理也能勉强将道理说通）。

（3）归纳法和演绎法

归纳法是由个别到一般，根据对个别事物或事理的分析，概括出一般性结论的议论方法。

演绎法是由一般到个别，根据对一般事物或事理的分析，推演出个别性结论的议论方法。

归纳法：刘勰的《文心雕龙·论说》中一段论及"论"体八种具体类别特点的文字，就使用了归纳论证方法：

详细考察"论"这种文体，"条流多品"（流派品类有很多）……"议者宜言"（"议"长于恰当论述），"说者说语"（"说"长于生动论述），"传者转师"（"传"长于转述老师的话），"注者主解"（"注"长于解释），"赞者明意"（"赞"长于申明意义），"评者平理"（"评"长于公允说理），"序者次事"（"序"长于有序论述），"引者胤辞"（"引"长于演绎引申）。"八名区分，一揆宗论"（八种体裁名称有别，但统统归属于"论"），"论"就是综合各派学说而精细研究一个道理的文体。

演绎法：魏晋时期诸葛亮《前出师表》中一段议论"贤臣"兴国的文字就是采用的演绎论证方法（同时也用了对比论证法）：

诸葛亮先定下贤臣可以兴国的总论调（"亲贤臣，远小人"是先汉"兴隆"之因，"亲小人、远贤臣"是后汉"倾颓"之因），然后向皇帝推荐几位大臣（"侍中、尚书"等人），因为他们都是贤臣（"贞良死节之臣"），所以皇帝如果亲近信任他们，则汉室的兴隆，指日可待。这是比较典型的演绎论证方法的使用。

附：关于提升"语感"外化能力的实践案例分析

初学写作者通过多读、"熟参"可以摸索、揣摩到文章的一些写作规制，还要注意多"仿写"。

余华在《伊恩·麦克尤恩后遗症》中提到英国当代小说家伊恩·麦克尤恩接受采访时毫不掩饰自己创作伊始对其他作家的学习和模仿，比如奥地利作家弗兰兹·卡夫卡、德国作家托马斯·曼等。文学影响"只会让一个作家越来越像他自己"，就像植物生长需要阳光、雨露的滋养，植物是以自己的方式在成长而不是以阳光、雨露的方式。在模仿练笔过程中，也注意引导学生将写作内容往齐鲁地方文化、菏泽地方文化上靠。以下是学生仿写陶行知先生杂文《行知行》的两篇习作：

鲁至鑫非"鲁智深"

我叫鲁至鑫，初听到我名字的人，都会不由自主想到梁山英雄"鲁智深"。我的确在性格上有些像花和尚，比如做事鲁莽、易急躁、理想主义，但我可不会倒拔垂杨柳。

喜欢开玩笑的人可能还会说：你的名字很好理解啊，"至"作极致解，"鑫"由三金构成，给你取名字的人这是盼望你未来达到金钱顶峰吧。但我父母给我名字的时候实在是没想到这一点。

我名字中有"至"，是因为我在夏至那天呱呱坠地。有"鑫"字，跟我出生于有关2004年甲申猴年有关，我虽然是个女孩子，却生性活泼、好动，父母给我取名"至鑫"是希望我像头戴"金"箍、手拿"金"箍棒、圆睁"金"睛火眼的齐天大圣孙悟空一样，聪慧、果敢、奋力前行、追求卓越。

不过，甲申猴年出生的人据说都是"过树"木猴，鲁至鑫虽非"鲁智深"，但跟花和尚在东京大相国寺倒拔的"垂杨柳"还是多少有些关系的哈。

（作者：鲁至鑫）

这篇"仿写"小文章为2021级文秘专业学生所作。抓住了陶行知先生《行知行》的立意特质（为自己"正名"），紧扣自己的名字展开说明、议论，但又不拘泥于原文本结构形式。

刘勰在《文心雕龙·体性》篇中强调根据个人的性情特点，学习效仿"雅正"作品培养好的写作习惯，是写作的指南、正道："因性以练才""摹体以定习"。

名字奇缘

我问父亲，为何给我起名雪露？

爱好喝两口酒也爱好涂涂写写的父亲说：原本他想叫我王冰雪露，"冰雪露"是我降生时他村庄很流行的一种低度白酒。奈何奶奶嫌名字太长，并嘲笑爸爸是"狗长犄角闹洋事"，父亲只好从后面三个字中去掉一个。为什么把"冰"字去掉呢？从"忽作玻璃碎地声"中可见冰的坚硬，父亲并不想让我成为一位内心坚固如磐石、很高冷的人。而且"雪"与"冰"比起来多了一些柔软，它像玉一样洁，像烟一样轻，像柳絮一样柔。当然，父亲还说，给我取名雪露也跟《庄子·逍遥游》有关：藐姑射山上"肌肤若冰雪……吸风饮露"的神女是文人心中的精灵，风雅脱俗、魅力四射，他希望我能像雪一样纯洁善良，像露珠一样清明洁净。

是啊，造化因雪而美丽，诗文也会得雪更添风情。我跟"雪露"二字还真有缘分。

（作者：王雪露）

这篇《行知行》仿写习作也同样紧扣自己的名字展开说明、议论，结构形式、语言比上一篇更灵活。这样坚持读文、揣摩、仿写下去，学生的写作表现力必会一步步得到提升。

朱光潜先生的《不似则失其所以为诗，似则失其所以为我——创造与模仿》（朱光潜《谈美书简》）一文，正标题直接用了明代学者顾炎武《日知录》里的语句，说明朱光潜先生对于模仿介于"似"与"不似"之间说法的认可：古今大艺术家在少年时期所用的功夫"大半都偏在模仿"。欧洲文艺复兴时期，意大利雕塑家米开朗琪罗费半生的时间研究古希腊、古罗马雕刻，英国戏剧家莎士比亚也曾用半生的时间模仿和改作前人的剧本。模仿对于写作而言就像学习绘画、书法初期的临摹、描红一样必不可少。

五、语言基本辩证技法："主与次""详与简""实与虚"

（一）"主、次"分明

认清客观事物或客观事理主要因素和次要因素之间的辩证关系，才能正确反映客观事物或客观事理的存在和发展变化：主要因素对次要因素有统摄和制约作用，规定和影响着次要因素的存在和发展；同时主要因素与次要因素又互为依存关系。

文章写作同样要处理好"主"与"次"的辩证关系问题，做到"主、次"分明，以"主"统"次"。

比如，施耐庵写《水浒传》一百〇八位梁山英雄，给他们排"座"序有"主"有"次"（见《水浒传》第七十一回"梁山泊英雄排座次"）：以及时雨宋江、智多星吴用、豹子头林冲、行者武松、花和尚鲁智深等为代表的36"天罡星"为主；以朱武为首的72"地煞星"为次。另外，围绕梁山英雄的一些次要人物也不是可有可无。如果没有高太尉、高衙内、董超、薛霸、陆虞候等次要人物一路的要挟相逼（包括妻子、岳父离世），林冲也不会最终下决心上梁山。鲁智深也同样，如果不是因搭救金翠莲父女打死郑屠户，他不会到五台山出家结识智真长老；不因吃肉喝酒破戒得罪五台山所有师兄、师弟，他也不会被智真长老修书一封遣往大相国寺；不下五台山前往开封，就不会路过桃花村打了小霸王周通、救下刘太公的女儿以及结识史进共同除掉瓦罐寺的崔道成、丘小乙等人；不到大相国寺看守菜园子，也不会因帮助林冲打了董超、薛霸而得罪高太尉不得不离开开封；不离开开封，也不会同杨志一起除掉邓龙而盘踞二龙山；不盘踞二龙山，也不会有后来的带领二龙山等几座山头的 11 位头领一同上梁山。

要处理好"主"与"次"的关系，首先要做到使文章中的主要因素（主要人、事、物、景、理等的交代、介绍或阐述），具有"聚合力"，即以"主"统"次"、以"次"衬"主"。

曹雪芹的《红楼梦》写到有名有姓的女子共 300 多人，其中涉及的主要女性人物为"金陵十二钗"，正册、副册、又副册中的 36 位女子。借《红楼梦》第五回"贾宝玉神游太虚境"中警幻仙子语：贵省女子固然多，但只能"择其紧要者录之"。三"册"中其实只有正册中全部 12 位女性和副册中的香菱、又副册中的晴雯和袭人等，共 16 位女子被作者以"判词"形式正面点破（副册、又副册也是突出"紧要者"香菱、晴雯、袭人 3 人，其余 21 人究竟指哪些女子作者在第五回中没明示，只能靠后世红学家们和读者的合理猜测）。而三"册"之中又以正册中的 12 位金钗为主（始于林黛玉、薛宝钗终于秦可卿，中间根据贾宝玉看到的正册人物排列顺序为元春、探春、湘云、妙玉、迎春、惜春，还有王熙凤、巧姐、李纨），"余者庸常之辈"，则"无册可录"（《红楼梦》第五回警幻仙子语）。但话虽如此，除了这 16 位主要女性人物，大观园内外其他大大小小几百个次要女性人物也不可缺失，比如贾母、王夫人、邢夫人；围绕在贾宝玉身边除晴雯、袭人之外的麝月、秋纹、芳官、碧痕等十几个丫鬟；林黛玉、薛宝钗、王熙凤等的心腹丫鬟紫鹃、莺儿、平儿等。

再比如写正册中的巧姐，作者在第五回中给巧姐的判词已将刘姥姥与巧姐的命运紧紧拴在一起（"偶因济刘氏，巧得遇恩人"），刘姥姥几乎每次出现有意无意都是为巧姐服务的：贫寒的刘姥姥（领着孙子板儿）第一次出现是在第六回（一进荣国府），见王熙凤（求资助，最后得到二十两银子和一吊钱）之前，刘姥姥先来到"大姐儿"（当时还不叫巧姐）的卧房，"于是来至东边这间屋内"，乃是"大姐儿睡觉之所"（脂砚斋批语：不知不觉，先到大姐儿寝室"岂非有缘"）；几年后，刘姥姥（领着孙子板儿）第二次出现是在第四十一、四十二回（二进荣国府），陪贾母等太太、夫人、小姐们吃喝玩耍后应王熙凤之请给七月七日出生、正着凉发热的"大姐儿"起名"巧哥"（刘姥姥这次得到"半炕"金银物品资助）；时间又过了几年，刘姥姥第三次出现是在第一一八回（高鹗续本），贾府被抄、王熙凤病逝，"势败休云贵，家亡莫论亲"，巧姐即将被舅舅王仁、贾环、贾芸等人商议着卖给别人做偏房换取赌资（也有报复王熙凤、贾琏心理），是刘姥姥出计将巧姐带往乡下躲藏逃过一劫。

其次，对次要因素（次要人、事、物、理、景等的交代、介绍或阐述）也不可忽略，要使次要因素对主要因素具有"趋向性"，一切围绕主要因素展开。"主"与"次"互相配合、相辅相成，才能写出重点突出、"主、次"有机配合的好文章。

在使用"主、次"辩证技法时，必须处理好主要因素和次要因素的正确关系，不能本末倒置，喧宾夺主；也不能主、次不分，平均用力。

鲁迅先生的《幸福的家庭》主要通过在一个狭小住房里"他"构思小说的心理活动画面，表现主要人物——"他"理想与现实有着巨大反差的生活遭际，鲁迅先生始终将主要镜头对准"他"的内心世界，但也穿插描写了突然出现在他面前要"他"凑劈柴钱、有着阴凄凄眼睛的妻子，以及被妻子打哭的三岁女儿。妻子和女儿虽是次要人物，但也不可或缺。五年前"他"因为爱当时有着"红嘴唇"的妻子才与妻子走在一起，也因为爱才有了女儿，但"他"现在想逃离她们："他"是丈夫，却被妻子漠视；"他"是父亲，却除了给孩子擦眼泪，无能力为她提供更多的温暖和保护。经济拮据、住房狭小、欲写小说赚稿费养家但思路屡屡被打断，不再有"红嘴唇"的妻子不只不关心"他"的精神生活，还用阴凄凄的眼睛盯"他"，二人已形同陌路；小女儿是妻子的出气筒，被妻子打哭等着他哄。"他"可以逃进"幸福的家庭"幻想中去，但"他"逃不脱现实中妻子、女儿对"他"依附和牵绊，作为主要人物的"他"对妻子、女儿具有聚合力，她们与"他"血脉相连，是"他"的亲人也是"他"的附属物。妻子、女儿两个次要人物对"他"具有依附性，她们的存在不仅造成了小说情节的起伏，也使身为主要人物的"他"形象更加立体、丰满。

（二）"详、简"相宜

写作过程中处理好"主、次"辩证关系的同时，也要处理好用材"详尽"与"简略"（或称"缜密"与"疏阔"，"繁"与"简"）之间的关系，在具体的写作过程中，文章的哪些方面应当详尽缜密、哪些方面应该简略疏阔，要配置得当，不能平均用力，尽量做到"详、略"相得益彰，"密、疏"相辅相成。

说明性文体、理论性文体写作中处理用材"详尽"与"简略"、用笔"缜密"与"疏阔"的关系，一般要求重要因素（事理）多用精细缜密之笔，而在其余地方则用疏略之笔。叙事性文体处理用材一般要求主要因素的叙述、描写一般要求详尽细致，但不能烦冗力求做到疏而不漏，详而不冗；次要因素的叙述、描写一般要求简洁明快，但不能粗陋。主要因素的说明和议论一般要求精确周严，但不能琐碎，力求做到简而不陋，密而不碎；次要因素的说明、议论一般要求简明概括，但不能肤浅。

诸葛亮的《前出师表》，对自己功绩的表白比较概括简明，但对贤臣良将的推荐之语详细周到。杜牧的《阿房宫赋》疏、密相得益彰，开首"六王毕，四海一""蜀山兀，阿房出"语言高度概括，用笔疏阔、简略；而写到阿房宫的楼阁亭台奢华程度时又用缜密、详尽，深刻揭示秦灭六国统一后大兴土木，营建阿房宫的历史原因。

鲁迅先生《幸福的家庭》对"他"所处尴尬现实生活场景的叙描疏略、未加任何细致形容（住所狭窄，卧床与书桌只离四五步；经济拮据，劈柴钱仅能凑够；妻子不贤，用阴凄凄的眼睛盯自己、下狠手打女儿）。但是对"他"构思理想幸福家庭情景的心理活动叙描却细密、铺张，极尽详细之能事：幸福家庭应该定在哪个省份（"湖南也打仗""大连仍然房租贵"，察哈尔、吉林、黑龙江……都不行，实在拿不定主意最后只好将它定在 A 地），幸福家庭主人的学历（受过高等教育，东洋留学已不通行，只能"假定为西洋留学生"）；爱好（文艺）；穿戴（男主人西装革履硬领始终雪白、女主人烫着蓬松"麻雀巢"始终穿中国装）；餐饮聚焦一顿午餐（对"第一碗菜"适合上西洋菜还是中国菜纠结良久最终定下是中国菜，对菜的具体内容和名称又是反复揣摩："滑熘里脊，虾子海参"太普通，只能是蛙和鳝鱼做的"龙虎斗"）；幸福家庭的房间分配（必有一间"堆积房"、男主人必有书房并且书房门永远是关着的）等。鲁迅先生通过对"他"心理活动不厌其烦地详尽叙描，淋漓尽致地反映了"他"理想与现实严重脱节的尴尬生活际遇。

（三）"实、虚"结合

"实"与"虚"是事物矛盾的两个方面。"实"指具体或直显的事物或事理；"虚"指抽象或曲隐的事物或事理。写作中对事物或事理具体、正面、显直的叙写、说明或议论都可以称为"实"笔表现，"实"笔表现具有直接性、明晰性的特点，能留给读者清晰、鲜明、深刻的阅读印记；对事物或事理抽象、侧面、隐婉的叙写、说明或议论都可以称为"虚"笔表现，"虚"笔表现具有间接性、模糊性的特点，能留给读者含蓄、朦胧、多义的阅读印记。

在写作过程中，要处理好"实"笔表现和"虚"笔表现的辩证关系。一味直述、直描、直释、直议，文章容易流于肤浅、板滞，阅读起来也有单调、沉闷之感，读者的阅读兴趣会大打折扣；而一味含蓄叙描、间接介绍、曲笔论说，文章则容易流于空泛、不着边际，阅读起来往往让人丈二和尚摸不着头脑，读者的阅读兴趣也难于被激发。

樱花树（节选）

樱花树，在院子西南角有一块独属领地，它是树之家族身形最秀美的一位：修长，风姿飘逸。樱花的早熟与艳丽谁能比得过？每年都是绿的新装还来不及穿上，便赶在清明前，一夜怒放，泼泼洒洒的绯红把整个小院、小区甚至整座小城一丝残存余寒驱散至下一年的冬梦里。

群居于院东首的其他几位树成员，总是会对樱花树的另类潇洒跷大拇指：你真棒！委屈于地势低洼的下风口，却每次都努力让自己花开得那么早又那么烈，还散枝头裸开，我们甘做陪跑。此时樱花树便会很绅士地对着几位友善的树伴连连抱拳。树冠愈来愈繁茂的树们勾臂搭背进行家族圆桌会议，机警的麻雀把偷听来的几个词语叽叽喳喳传递给女主人。她笑了：真多嘴。

这棵樱花树是孩子小学三年级时种下的，至今女人还记得。她也无法忘怀12年前早春刚搬来，小区内那无处不舒适的空旷……孩子生日当晚，曾冲繁星的苍穹顽皮许愿：我们小院还空着，我想要几棵树。第二天下午孩子放学后，有些不敢相信自己的眼睛：一棵樱花树已经正式进驻小院，星愿会这么快实现？樱花树有四五岁的树龄，枝条倔强地向斜上方生长，银褐色树干细如他的小手腕。樱花树身上的唇形图案更令孩子欣喜：妈妈，你看，好多厚厚的小嘴唇。

一月不到，樱花树的几条嫩枝竟灿烂出密密层层的粉红花朵，只是花香淡近隐匿，也不生一片叶子，令孩子诧异。农科所帮种树的朋友回访，神秘莞尔：这棵是日本晚樱，先花后叶，花完全褪尽，椭圆形细长尖的叶片才会生出。北方小城庭院种植还不多，好好养着。

每年谷雨前，看着小院满地红粉蝴蝶织就的花毯倏忽而就，并随风流转、漫飞，女人春日躁动的心绪反倒会宁静下来……

女人很喜欢匈牙利画家瑞普·罗奈那幅绚烂到极致的《樱花》。多瑙河畔的佩奇古城是欧洲樱花圣地。罗奈的樱花该是画家后印象的一个小城垂樱园吧？万千枝条烘天扯地垂下，混沌成流动不息的粉色河流，画幅中央，一着玫粉曳地长裙头戴深色宽檐帽的女子倚着树干，她在树下盘桓小憩，还是掀起裙裾采撷花瓣？同样粉的脸蛋模糊了弯弯眼眉。那里正酝酿着一场百年前最热烈又最短暂的游园惊梦吗？罗奈与女子早已走远，画笔下那令人惊鸿一瞥的垂樱花海，终归离现实有万里之遥……

（作者：王丽娟）

《樱花树》作者对樱花树的描述即采用"实""虚"结合的方法，现实生活中樱花树"实"的描写，和画家笔下多瑙河畔樱花树"虚"的描摹交融在一起，实写和虚写互为表里，直笔和曲笔相映成趣。

清代文论家唐彪说：文章不"实"则"不足以阐发义理"；不"虚"则"不足以摇曳神情"（《读书作文谱》），只有"实""虚"结合，才能焕发出应有的生机和活力。

"实""虚"相济分很多种情况，可以先实后虚，可以先虚后实，也可以实虚交错或亦虚亦实。比如杜甫的《登高》是"虚、实"相济辩证技法运用的典范。前两句实写所看到肃杀、萧索的秋天风景："风"急、"天"高、"猿"哀、"渚"清、"沙"白、"鸟"飞，简明概括，但又生动鲜活，三、四句仍是写景，但已不同于前两句的一景一跳跃和对景色的纯实笔白描勾勒，开始加入诗人婉曲的想象，落木是无边无际的，江水是滚滚东流不尽的；五、六句更是将"做客""登台"的自己置身于"万里悲秋""百年多病"纵深的历史和人生感思中，虚中有实、实中有虚，情景交融、虚实结合的情感氛围瞬间引发读者的阅读共鸣。

这是先实写然后再虚实融合。

曹雪芹的《红楼梦》第五回中作家给金陵十二钗（正册）的"判词"，是虚写也是实写：没有明显标注哪一阙判词确切为谁而写，但根据作家零星的判词提示语，并联系"实"写的故事中人物性格、姓名和人物现实命运的走向，不难将它们与十二钗一一准确对应匹配；判词确实是十二钗命运的写照，这是亦虚亦实也是以虚串实。法国作家罗伯·葛利叶的《嫉妒》，第三人称叙述者的身份始终是隐藏起来的，但这个"虚"的叙述者看到并展现给读者的所有情节、画面都是"实"的，这也是亦虚亦实、以虚串实。

文章写作过程中不论运用哪种"实""虚"结合的方法，只要能使文章达到既明晰可读又耐人寻味，既直率质朴同时又意味深长的效果，就是"实""虚"相济运用得好。

第四章 行文过程修为论：从"材料"准备到 修改完善

写作，是生产精神产品——文章的过程。我们主要从"材料""主题""结构""成文"等方面来进行写作行文修养的剖析。

一、"材料"："聚材""选材"和"用材"

材料是构成文章的基本要素，所谓内容空洞、议论空泛，其实就是文章材料（或论据）方面出现了问题。言之无物、材料单薄，是写作之大忌，清代学者章学诚在《文史通义·文理》篇中特别强调材料的重要性："立言之要，在于有物"。

（一）行文前奏："聚料"

"材料"的聚敛是行文的前奏。

写作者收集材料时，首先要知晓"材料"与"素材""题材"的区别。

"素材"是指进入作者视野并被采撷到的生活信息资料或文献参考资料，是原始、未经整理加工的"材料"，特点为量大、质糙、无序，但却是激发写作行为、形成文章主题的基础。

"题材"：有两种含义。（一）指经鉴别、提炼、加工整理后进入文章写作体系的"材料"；（二）文学创作专用术语，指作品内容所指向的社会产业领域或地域区化范围等，比如工业题材、农业题材，或城市题材、农村题材等。

"材料"：指经鉴别、提炼、加工整理后，被作者写入文章并为主题服务的生活信息资料或文献参考资料（同"题材"第一种释义）。

对于写作素材的收集应该本着多多益善、广收博取的原则；而对写作材料的选择则应本着严格把关、博观约取的原则。

另外，要注意拓展"材料"的收集途径。

写作者要通过观察、调查采访、搜索网络电子期刊数据库、查阅纸质图书馆书库等各种各样的方式，不断增加自己的原始材料储存量。

要注意直接材料和间接材料的配合收集。

直接材料，即"第一手"材料，写作者通过观察感受、调查采访、直接查阅文献资料（书籍等原始出处）等途径得来的材料。间接材料，即"第二手"材料，写作者通过人或书籍、文章等转述得来的材料。

写作者起码要有两个材料"仓库"：直接材料的和间接材料的。另外，还要试着建立宏观材料和微观材料、正面材料和反面材料的材料"仓库"。

聚敛、积累材料是长期的、必须持之以恒的过程，也是确立文章主题的前提条件。

（二）"选材"和"用材"

1."选材"

"选材"是在大量掌握第一手和第二手材料的基础上进行的，涉及材料筛查的问题。鲁迅先生教育初学写作者：动手写自己能写的题材，"选材要严，开掘要深"，不可将琐屑、没有意思的"事故"拼凑成文以创作"自乐"（《二心集•关于小说题材的通信》）。鲁迅先生的话对如何对待选材问题剖析得非常透彻。

写作者选材必须严格、谨慎。写作者要有识别材料真伪的眼光和能力，对材料的真假进行审查，做到所有被选入文章写作系统的材料都要有真凭实据（事实材料）、有确切出处（文献材料），虚假材料坚决舍弃或屏蔽不用。另外，要将既定事实材料和经验推理材料区别开，尽量少用经验推理的材料。

2."用材"

"用材"总的原则是必须使用能为主题服务、有说服力、适合文章体裁的材料。

要使用能为主题服务的材料。不能有力支撑主题的材料，即便再生动、自己再喜欢，也要忍痛割爱舍弃或屏蔽不用。一切以服从主题表现为宗旨。

要使用有说服力的材料。典型、权威、有代表性的材料才具有说服力，也才能使文章"主题"站住脚。

另外，用材还要考虑不同文体用材的偏好，比如散文、小说等叙事类文体偏好使用事实性材料，学术论文等理论性文体侧重选用事理性材料，说明书、文案等说明类文体兼而有之，要量体裁衣，区别对待。

孔子有"食不厌精，脍不厌细"（《论语·乡党》）的说法，文章内容材料的选择和使用也如同我们对待食物，不在量多，而在"精""细"。写作者应该在如何使用材料、使用什么样的材料方面多动脑筋、多下功夫。

二、"主题"："意在笔先"

"主题"，又称"意旨""主脑"，就是写作者通过文章的具体内容所表现出来的基本观点或思想情感基调。

"意犹帅也，无帅之兵，谓之乌合。"（清代王夫之《夕堂永日绪论·内编》）"意"即指主题，主题为文章的灵魂、统帅，在文章中具有核心、主导地位，文章材料的取舍、结构的安排、语词的遣用以至标题的拟定等，都必须以主题为准绳。

（一）关于"意在笔先"

古代文论家们一向重视文章主题（即"意"）的重要性。

西晋文论家陆机在《文赋》中说："恒患意不称物，文不逮意。"每次写文章，都要面对"意"不"称物"、"文"不"逮意"的问题，其中的道理不难知晓，为难的是实践能力（不及）："非知之难，能之难。"陆机所言之"意"，也就相当于我们今天所说的"主题"。陆机在这里也将"意""物""文"的概念首次相提并论。

东晋书法家王羲之，在《题卫夫人笔阵图后》中提出"意在笔前"的说法："夫欲书者，先干研墨"，凝神静思，预想字形的大小、平直，令筋脉相连，"意在笔前，然后作字"。王羲之所说的"意在笔前"之"意"，不仅指"主

题""意旨"，还包括"意境"（写作者内情和外境高度融合而以文字呈现出的
境界）方面的问题，是"意"中带情。

稍后刘勰在《文心雕龙·物色》篇中提出"情""物""辞"说："情以物迁，
辞以情发"，情既"随物以宛转"，亦"与心而徘徊"。刘勰的"情""物""辞"
与陆机的"意""物""文"相类似，也是对写作活动发展过程的总结性认识，
刘勰所谓的"情"是情中有"意"，也与王羲之所言之"意"有交叉重合之处。

唐代诗人也喜好谈论"意"的问题，比如"凡画山水，意在笔先"（王维
画论《山水论》）；如果"意不先立"，只追求文采词句的"绕前奉后"，势必会
造成"言愈多而理愈乱"的局面（杜牧《答庄充书》）。

明代文论家谢榛在《四溟诗话》中认为：唐诗"有辞前意"，也有"辞后
意"，因二者兼而有之，因此"婉而有味，浑而无迹"。谢榛所说的唐诗之
"意"与王羲之、王维所说的"意"，都是既包括既指"主题"，也指"意境"。

无论"意"是指"主题"，还是既指"主题"也指（或包括）"意境"，古代
文论家、诗人们都一直认为写诗作文先立"意"，就不会导致行文内容组织或
结构安排混乱不堪。

清代文论家对"意"或者直接就是"意在笔先"问题的探讨更加深入：

清初文论家沈德潜在《说诗晬语》中说：写作者必"成竹在胸"，"意在笔
先然后着墨"为"诗道所贵"，倘若"意旨间架"茫然不知无措，"临文敷衍支
支节节"凑合而成，根本谈不上通晓"得心应手"之技。沈德潜言语中肯，也
更加务实。

刘熙载在《艺概·文概》中也论及"意在笔先"问题："古人意在笔先"，故
得"举止闲暇"；"后人意在笔后"，故至于手忙脚乱。

在动笔之前先确立主题，对想要表达的"意"做到了然于心，有利于落笔
行文时做到思路清晰、文气贯通。强调主题的核心地位和重要性，对具体的
写作实践有着实实在在的指导意义。

（二）关于凝练"主题"的基本要求

主题确立的过程是写作者对手中所掌握的写作材料进行全面、综合考量
的过程。在这个过程中，写作者务必要冷静、客观，做到所凝练的主题与手

中所掌握的材料之间的和谐统一。

首先，主题要正确。文章是社会实践的产物，主题的凝练要紧扣时代脉搏、贴近现实生活，积极健康、昂扬向上，写作者要想国家所想、关心社会所关心，比如地方文化保护与传承、亲情守护、乡村振兴、生态文秘、绿色低碳等。主题的正确性也是文章社会功用性特点的体现，文章就应该为时而著、为事而作。

其次，主题要深刻。主题的凝练是一个由感性到理性、由表象推究到本质的过程。写作者必须不断丰厚自己的文化底蕴，不断提升自己的观察力、发现力，以及材料真假、虚伪的辨别力，独具慧眼、目光敏锐，从呈现个别、分散、碎片化状态的浩瀚材料中，找关键、抓要害、揭本质，开掘出整体性、综合性、抽绎性的思想主题出来。只有主题深刻，所体现或揭示的问题具有普遍意义，才具有价值感、启迪性；反之，表面、肤浅、就事论事、缺乏思想深度的主题则没有存在的价值。

另外，主题还要新颖。写作者要有从司空见惯的材料中发掘新意的眼光，善于观察、勤于思考，即使面对老材料、旧文献，也要用创新转化的方法让其焕发出时代生机和活力。当然，主题新颖也要辩证来看，主题平庸、低俗、故步自封要尽力避免，但不能单纯为新而新，新却牵强附会、生拉硬扯，新却颠倒黑白、不辨是非，这样的"新"不求也罢。

（三）关于"赋形"表"意"

"赋形"，即赋予人或物以某种形体。"赋形"也称"塑形"，写作中的"赋形"是指赋予文章的"意"（主题或情感基调）以某种形体，使主题逐渐清晰化、明朗化的操作方法。

运用赋形，为文章之"意"找到"外壳"（材料、结构、语言文字等外显元素），文章之"意"才能逐步确立起来。

文章主题构想虽好，但作者不能将之清晰呈现便称不上是好主题，或者说是好"意"。文章之"意"是统帅、"灵魂"，但"灵魂"必须借助"肉身"形式才能活灵活现。如，蒲松龄在《聊斋志异·长清僧》中写过长清某寺院一位得道高僧圆寂以后"借尸还魂"的故事："长清僧，道行高洁"，80多岁身体仍然非常健康，但有一天突然"颠仆不起"，安然"圆寂"。可是高僧灵魂不死，"魂飘去，至河南界"，正好碰上河南一"故绅子"率领十余骑人马出行打猎时遭遇了堕马毙命事故。高僧的灵魂与"故绅子"尸身"翕然而合"，身体内已住进高僧灵魂的"故绅子"随即醒来。随后，长清高僧的灵魂与年轻"故绅子"的肉身逐渐由疏离到慢慢融为一体，直到高僧与所有的人都能坦然接受新生命体的存在。"借尸还魂"其实也就是对主题进行"赋形"表现的过程。

许多文学作品的丰富意义，也多来自这种重复式"赋形"方法的运用。

美国解构主义学者希利斯·米勒说："各种重复现象及其复杂的活动方式，是通向作品内核的秘密通道。"他在《小说与重复》中提出了自己的一套独特的"重复"理论。通过对《呼啸山庄》《达罗卫太太》等7部世界名著中重复现象的细致解读，他将"重复"大体归为三类：第一类是细小处的重复，如语词、修辞格、外观、内心情态等；第二类是一部作品中事件和场景的重复，规模上比第一类大；第三类是一部作品与其他作品在主题等方面的重复，这种重复超越单个文本的界限，与文学史的广阔领域相衔接、相交叉。希利斯·米勒的第三种类型的"重复"，就与我们所说的主题的"赋形"表现方法有相似之处。

主题的"赋形"表现其实是一种滚雪球式不断自我完善生长的过程，如同绿色植物利用光合作用、腐殖质等进行"自养"的生命延续过程。在这个过程中，重复式"赋形"一直在发挥作用，并最终使主题清晰化、明朗化确立起来。

三、"结构"："起—承—转—合"

任何文体都有特定的结构，但最基本的"起—承—转—合"结构要素必须具备，"起""承""转""合"四字，勾勒出了各种体裁、各种内容的文章在篇章结构上的一个带有共同性的轮廓，就像《红楼梦》中林黛玉教香菱作诗时所总结：作诗……一言以蔽之，"不过是起承转合"。（《红楼梦》第四十八回）

（一）"起—承—转—合"结构法的内涵与实质

刘熙载在《艺概·经义概》中明确提出的"起—承—转—合"章法结构模

式，适用于一切文章写作："起"者"起下也，连合亦起在内"；"合"者"合上也，连起亦合在内"；而中间用"承"用"转"，皆兼顾"起合"。

刘熙载是在《艺概·经义概》中条分缕析讲述"八股文"（封建时代用于"经义"取士科举考试的文体形制）基本结构法时谈到"起—承—转—合"的："破题、起讲"扼定"主脑"；"承题、八比"则为分别表达（"八比"即八股文的后四部分：起股、中股、后股、束股，因每股都有两组排比对偶的文字，所以称为"八比"或"八股"）。"八股文"的结构非常严谨，启功在《说八股》（《启功全集》第一卷）中曾推荐"最著名的游戏八股文"一篇，即清代文人尤侗的《怎当他临去秋波那一转》，尤侗以王实甫《西厢记》中一句戏词"怎当他临去秋波那一转"为题写成，让我们可以大体领略下古代"八股文"的基本结构（略）。

"起—承—转—合"章法结构是一种符合人类思维习惯的结构模式，呈现为一种历时性、有序性的自然节奏。比如，自然界暑往寒来运行不息的季节转换，便生动鲜明地体现了这种"起—承—转—合"的时间性过程：春季草木萌发、欣欣向荣属于"起"；夏季花木繁茂，雨泽丰沛属于"承"；秋季天高云淡、风紧叶黄属于"转"；冬季白雪皑皑、万物敛藏是属于"合"。对宇宙运行自然规律的感知使得古人习惯于以"起承转合"的逻辑过程去把握事物，形成一种井然有序的逻辑思维方式与审美心理结构，继而用之于艺术创作。比如，《诗经·豳风·七月》从七月写起，基本上按农事活动顺序，逐月展开农人劳动生活画面。律诗创作中"起—承—转—合"思维路线表现得比较明显，尤其是绝句，比如李白的《朝发白帝城》，首联"朝辞白帝彩云间"叙事、写景渲染气氛为"起"，颔联"千里江陵一日还"为顺"承"，颈联宕开一笔写两岸猿啼声为"转"，尾联"轻舟已过万重山"呼应开头为"合"。

总之，"起—承—转—合"给写作者提供了一种从无话可说到有话可说的有序思路。

（二）"起—承—转—合"解读

1. 注重开"起"

"起"，为文章开头，或几句话或一两个自然段，开宗明义，是文章的总纲所在，非常重要。"起"笔要俊秀，如元代文论家陶宗仪在《南村辍耕录》（卷八）中引用元代杂剧家乔孟符的话，"起"为"凤头"，"起要美丽"。

文章开头，是为下文铺垫造势、提供依托的，一定要苦心经营：或采用"开门见山"式（当头棒喝）；或采用"曲径通幽"式（托物起兴）；或用叙事、描景、状物来烘托气氛等。比如《诗经·豳风·七月》首章从"七月流火，九月授衣"到"彼南亩，田畯至喜"，为诗歌的第一部分，是"起"，概写农人以耕、织为主的一整年生活，是为诗歌定基调的纲领。再比如《水浒传》第十回"林教头风雪山神庙"的开头"看那雪，到晚越下的紧了"，是"起"，简括写林冲所面对的恶劣环境，一个"紧"字，天气状况整体面貌全出。

离一中校园西首碑廊越来越近，心下反复嚼着母亲的叮咛，去跟你姥爷说说话吧。

烟蓝色暮霭渐拢，辨认出紧挨红顶飞檐亭台、姥爷书字的两方太湖石刻仍不难，廊里、廊下一立一卧，结缕草间卧石斜倚两棵小的李树、樱桃树，脊背一抔小寒残雪。入己亥腊月，母亲不止一次梦见愁眉不展的姥爷，还看到甩着两条麻花小辫儿的我跟在姥爷身边……小年夜，一中老校园学生散尽，难得的空落。形状各异石刻构架起的碑廊，被一条西向行道隔开，是姥爷同几十位一中先贤翰墨驻处。前年秋，我将高中同学转的一组碑廊落成照拿给母亲，那以后她的长吁短叹还有红红眼圈常令我不安，我知道她有更高期待。

夜空开始有雪花飘散，轻逐着前庭广场的沉寂。眼前的园子早已褪尽高中记忆里的逼仄，我试图收回顺着东首长廊一路游走的心神，空空的一列玻璃面宣传栏正对地下车库入口。雪冰凉的手爪攥紧我呼吸缝隙间的热，在长廊尾端与几间简易板房架起的暗淡光影里慢慢升腾，园子东南角落水波涟漪样回旋，掠过眼梢夹起唇边一旋涡濡湿，地面铺陈的白色在一粒粒加密。

一条北向延伸的狭长地带，缓缓展开横陈于夜之幽深处。母亲梦中忆起的是我10岁前的事吗？一段遥远又探不到尽头的时间会通往哪里？天命之年的姥爷刚刚落实一中教师工作，我是一中东邻六完小的一名小学生？雪线扫掠下的发、面、整个躯体渐至僵木，校园东围墙内碗口粗细的毛白杨黑褐枝丫枯叶疏挂凸映在半空，墙根下有细弱水响声传来，来了又去。世界在一点点回缩，时间的来向越延越长。

（作者：王丽娟）

以上文字为长篇散文《朱颜变，几时得从少年》的开头，是"起"。作者写母校校园留有"姥爷"书法石刻的碑廊，以及母亲的梦与叮咛，还笼罩校园东南角越来越迅疾的雪线，都是为了渲染、烘托气氛，以便引出对小学生活深长的回忆与书写。

2. "承"接合理

"承"，是接上连下，传递缝合。"承"必须依据"起"势中的事、理、情景往下接，不可松懈，亦不可过于随意，如元代文论家杨载在《诗法家数》中所言："承"要如"骊龙之珠，抱而不脱"，或如"草蛇灰线，不即不离"，才称得上"佳妙"。"承"接方式有总接、分承，有明顺、暗衔等，但都必须不枝不蔓，与上下文保持紧密衔接，做到李渔所言的"密针线"。杜甫《登高》："风急天高猿啸哀，渚清沙白鸟飞回"（开头两句写景，是"起"）；"无边落木萧萧下，不尽长江滚滚来"（三、四继续写景，并且景中带情，是"承"）。

3. 聚焦"转"宕方式

"转"，是指结构上的跌宕和作者思路上的转换（由物及人、由景及情或由事及理），或是由写实转向写虚，或是情感由淡到浓、由弱到强，或是由此及彼、由正到反，等等。"转"在文章中也很重要，"转"不但要转得有精神、有变化，还要灵活，不可离题太远。无论怎样"转"，都显现着作者由浅入深、由表及里或者由具体到抽象的思路轨迹。《诗经·豳风·七月》的第四章、第五章，从"四月秀葽，五月鸣蜩"到"嗟我妇子，曰为改岁，入此室处"，稍有变化，不再写织、缝，而写秋冬狩猎、室内打扫，是"转"；杜甫《登高》的五、六句由描写到议论，将眼前景色和心中思绪紧密相连，"万里悲秋常作客，百年多病独登台"，通过"万里""百年"等历史纵深感慨，将远离家乡、漂泊天涯等情绪推给读者，时、空交织，深挚感人。

4. 注重尾"合"

"合"，是指文章的结尾，或是一两句收束语或是一两个收束段，作用是：呼应开头，收束全篇；或揭示中心，升华主题（"卒章显其志"）。"编筐编篓重在收口。""合"往往是文章主题的进一步拔高或加深。

"合"的方式有多种多样，或回应开头常规收束，或戛然而止自然收束，或设计两个或两个以上的结尾让读者收束等。元代杂剧家乔孟符认为："合"当如"豹尾"，"结要响亮"《南村辍耕录》（卷八），也是一家之言，结尾可响亮直接，亦可含蓄蕴藉。《诗经·豳风·七月》第八章的从"二之日凿冰冲冲"到"跻彼公堂……万寿无疆"为"合"，呼应首章，写年终农人祭祀、宴饮画面，响亮直接抒发喜悦之情。而孟浩然《望洞庭湖赠张丞相》七、八句"坐观垂钓者，徒有羡鱼情"为"合"，则婉曲蕴藉；一、二两句"八月湖水平，涵虚混太清"为"起"，写景；"气蒸云梦泽，波撼岳阳城"为"承"，顺承一、二句继续写景；五、六句"欲济无舟楫，端居耻圣明"从描物状景陡"转"进入议论，语句虚、实结合，实写欲渡水无舟楫难到对岸，虚写欲入仕途苦于无人推荐；七、八两句"坐观""羡鱼"也是虚、实交融，表层意思为真坐真看真羡慕，深层意思则表达了诗人愿施展平生才能报效国家之意，含蓄隽永。

（三）"起—承—转—合"实践运用注意事项

"起—承—转—合"结构也并非四部分必须齐全。但"起—承—转—合"结构的"起"与"合"两部分必不可少。如元代文论家陈绎曾《文荃》中说："'起''结'二字，则不可无者也"，起、结二法"在作文家最为难事"。宋代文论家胡仔在《苕溪渔隐丛话》中说：凡做诗词，要当如"常山之蛇"，"救首救尾，不可偏也"。

比如《论语》中的"季氏篇"，有"起""承""合"而没有"转"："季氏将伐颛臾"为"起"，引起下文；从"冉有、季路见于孔子"到"而谋动干戈于邦内"都是"承"，孔子为冉有、子路分析季氏伐颛臾一事的动机和危害，"吾恐季孙之忧……而在萧墙之内也"为"合"，总结、呼应开头。

另外，无论"起""承""转""合"四部分是否齐备，它们之间起笔—接承—转换的逻辑顺序也基本不变，但有时候"转"之后还可以再"承"，比如

《诗经·豳风·七月》，第二章、第三章从"七月流火，九月授衣"到"我朱孔阳，为公子裳"，是分"承"首章前半段的"衣之始"（朱熹《诗集传》语）写农家春、夏养蚕、织麻、缝衣生活；第四、第五章为"转"；第六章、第七章从"六月食郁及薁，七月亨葵及菽"到"亟其乘屋，其始播百谷"，又分"承"首章后半段的"食之始"（朱熹《诗集传》语），写农家夏秋农耕生活。

在具体的运用过程中，究竟选择完整型的"起—承—转—合"，还是非完整型的"起—承—转—合"一般根据主题表现的需要而定。

比如，李白的七言绝句《越中览古》首联"越王勾践破吴归"为"起"，但"起"后颔联和颈联都是"承"，畅想以往越国胜利后的举国欢庆盛况，特意选取两个有代表性的特写"镜头"：战士是"还家尽锦衣"，宫女是"如花满春殿"，而尾联笔势直落，将镜头对准现实"只今惟有鹧鸪飞"是"转"亦是"合"，带出世事变化无常的主题。再如被认为是"试帖诗"（此类诗歌因对题目、声律要求严格，因此鲜有口口传诵的佳作，此诗为特例）范本的唐代诗人钱起的《省试湘灵鼓瑟》，全诗共12句，一、二句"善鼓云和瑟，常闻帝子灵"（常听说湘水神灵善于弹奏云和之瑟）"起"后，第三到第十句都是"承"，极力铺陈湘水神灵"鼓瑟"凄美、动人的音乐效果：河神冯夷"空自舞"、远游的旅人"不堪听"、深沉哀怨的曲调"凄金石"、清亮高亢的乐音"入杳冥"，乐音使得安息在苍梧山上的舜帝之灵"来怨慕"，使得苍梧之地的白芷花"动芳馨"，乐音顺着流水"传潇湘"、化作愁风"过洞庭"。结尾第十一、十二句突然笔势陡"转"直下"曲终人不见"，又以"江上数峰青"戛然收"合"，从繁复细描到简明勾勒，以景结情，含不尽之意于言外，令人回味无穷。

史铁生的短篇小说《命若琴弦》就是比较规范的"起—承—转—合"结构模式的运用：第一章开头"莽莽苍苍的群山"中"走着两个瞎子，一老一少"……是"起"；中间第二章至第七章有"承"（70岁老瞎子带着17岁小瞎子在山中弹琴说书；小瞎子天真、聪慧，小瞎子与女孩兰秀儿无疾而终的爱情；从夏到冬，老瞎子弹断的琴弦数量越来越多，距离可以拆琴盒取治愈失明药方的1000根越来越近；老瞎子终于弹断了第1000根琴弦）、有"转"（老瞎子拿着师傅蒙在琴盒中的所谓复明"药方"去山外抓药，却被告知他期盼了

50 年的复明"药方"原为一张无字白纸；老瞎子崩溃了；老瞎子重新回到山中找到几乎在雪野中被冻死的小瞎子；老瞎子告诉小瞎子，是自己错把师傅说的 1200 根琴弦记成了 1000 根）；第八章结尾"现在让我们回到开始"，"莽莽苍苍的群山"中"走着两个瞎子，一老一少"……是"合"，以文字部分重复的方式呼应开头，只不过将开头的"每人带一把三弦琴"，"说书为生"变成了他们"无所谓谁是谁"。《命若琴弦》表面上写的是一对盲人师徒天道轮回的悲剧命运，但实际表现的是人类精神救赎的永恒主题。正如史铁生《命若琴弦》中所言：一根琴弦需要两个点"才能拉紧"，心弦也需要两个点——"追求"和"目的"，人的命或者说心弦，拉紧了"才能弹好"，弹好了"就够了"。

　　法国象征派诗人夏尔·波德莱尔的《疯子与维纳斯》，首段从"多么美好的一天啊"开头，概括总写夏日"宽大的公园"在"太阳灼热的目光下"令人感到眩晕的自然景象，为"起"；第二、三段是"承"，将首段简括的景象描述拟人化地具体延展开：万物陷入"静谧的狂欢"，水"睡着了"、花"兴奋不已"色彩浓烈、芳香如烟。第五至七段为"转"，"可是……"写"我"眼中看到的蜷缩在高大维纳斯雕像脚下一位"逗笑小丑"的"悲伤"：穿着"光亮古怪的衣饰"、头戴"系有铃铛的尖角帽子"、泪水汪汪看着维纳斯女神像，和前面所写的自然美色形成对比；最后一段仍是"转"，"可是……"继续写"逗笑小丑"无处言说的"悲伤"（维纳斯石像双眼只是"望着远方的不知什么东西"），以"转"代"合"自然收束。

四、"表达"为文：撰写初稿、完善定稿

　　作者在结构搭建好之后，接下来就要通过书面语言符号将构思外化为文章"初稿"，并通过自我调节和外界反馈对"初稿"进行修改，最终以文本的形式呈现，这一过程也即写作的"成文"阶段。

（一）撰写初稿

　　写作过程"文"的阶段其实就是语言文字表达阶段，语言文字是媒介，任何文章思想情感的抒发最终都要依靠语言文字进行外显。

在初稿撰写过程中，要胸有全局，依据立意、选材、结构的全盘思考来行文。

写作的重点放在思路的清晰和行文的流畅上，在此过程中，明确其作品的读者是什么人，并针对不同的读者选择相应的文体。只有做到心中时时有读者，才能一直遵循正确的写作方向，做到有的放矢，言之有物。

1. 初稿撰写的方法

初稿撰写的具体方法不止一种，不同内容和性质的文章撰写方法也不尽相同。

一是灵感随想式：指写作者由于生活中某种契机触发突来灵感产生写作冲动，并迅速提笔挥写成文，待稍微冷静后再行修改的初稿写作法。这种方法适于诗歌或其他较短篇幅文章初稿的写作。

二是自由串联式：指写作者根据既定主题不计顺序，以一个个小问题的形式自由写开去（以小标题标记），稍作冷却后再整理思维排序、定层段，并在此基础上延展成文的初稿写作法。这种方法也比较适合较短篇幅文章初稿的写作。

三是片段记录式：指写作者将日常所见、所闻、所感、所思选择值得记的记下来形成文字，积少成多，汇集成文。这种方法适于日记体（或札记体）文章的写作。

四是列提纲式：列提纲式是指写作者采用摘要、关键词、主题句或数字图表的形式罗列提纲，并依据提纲写作成文的初稿写作法。列提纲如同建筑房屋前设计图纸（需要多次修改），图纸设计精细、合理，房屋才会建筑顺利；提纲也要进行多次修改完善，提纲列得越细致，写作效果相对越好。写作者依靠提纲预先将文章主题、用材、结构，甚至是过渡、照应等主要环节都考虑梳理清楚，有利于文章写作思路的条理化、有序化，尤其是对于篇幅较长，内容较复杂的文章。

2. 初稿撰写的程序和注意事项

初稿撰写的程序与确立主题、选材、结构不一样。确立主题、选材、结构是先立大体，次及细部，一般不考虑语言文字的具体运用，程序是由"篇"

到"段"再到"句"。而写初稿则是从小到大，从具体的文句开始，有规则地依靠材料慢慢展开内容、表现主题，并最终定型，其程序一般是由"句"到"段"然后再到"篇"。

初稿撰写最好心无旁骛，一气呵成。在初稿写作过程中，写作者的思路要逐步推展，文章的脉络要逐步通达，因此为保证文章的句子与句子之间、段落与段落之间、层次与层次之间气脉贯通、勾连针线"密"，使孕育数日（或数月）的精神活动结晶是一完整有机体，必须一鼓作气将其呈现出来（就像新出生婴儿一般，先不必管其丑陋与否，健康顺利降生就好）。另外，还要多以正面情绪自我疏导。按照原先确立的主题、构架，一直写下去，不要半途而废，或只为纠缠一两个字而久久停滞不前，"不管修辞，也不要回头看"（鲁迅语）。有所缺漏之处，可以等到全文完成之后冷置一段时间后再进行斟酌完善（比如主题的校正、结构的调整、材料的增删、字词句改换等，可稍后修改）。

（二）完善定稿

1. 修改完善

修改是文章写作必不可少的重要环节。"初稿"完成后，要不厌烦地进行修改，改主题、改结构、改材料，改句、改词、改字，连标点也要改。好文章是改出来的，修改不仅可以提高文章质量，还是对读者负责的表现。写作者对文章修改不重视，究其原因，一是敷衍了事，不愿意修改，跟写作态度有关；二是自大情绪作祟，跟写作者的性格关系比较大；三是对自己的文章没有准确评判的眼光，看不出问题，多跟写作者能力相关联。无论是哪一方面的原因，都应该逐渐改正。

修改时要着眼于主题是否正确、深刻；材料是否真实、有说服力；结构是否紧凑、匀称；语言是否准确生动；标点是否正确规范等，凡发现有不妥之处，就动笔修改，使文章逐渐臻于完善。

修改主题：主题是文章的灵魂、统帅，所以，我们修改文章，首先就应该推敲、锤炼主题，看主题是否正确、深刻、新颖。在写作过程中，凡是涉及材料的取舍、结构的设置、语言的运用以至标题的拟定，都要根据表现主题的需要加以确定。主题变动涉及文章各个方面，属于伤筋动骨的大调整，需要全面考虑，慎重对待。

修改材料：材料是文章的血肉，不仅是主题形成的基础，也是表现和深化主题的重要手段。材料修改应力求围绕文章主题进行，使材料足以表现主题，材料和主题交融、贴合。如果材料单薄，不足以支撑主题，需要适时补充；如果材料与主题相悖，则需要酌情删减。

调修改结构：结构是文章的骨架，修改文章时必须在结构上要多下功夫，结构的修改，须从大处着眼、宏观把控，慎重对待。比如，应推敲结构是否完整、是否条理、是否前后连贯，开头与结尾是否呼应、层次与段落安排是否匀称、过渡与照应是否严密、标题与内文是否相配等。

修改语言：语言不仅是表意达理的重要工具，也是文章的皮肤和外形。写作者修改文章时，要不断推敲、锤炼，以便使语言准确、简明、流畅、适体、规范。

校正标点：标点符号犹如文章的五官，在修改文章中，要像斟酌字词一样，仔细校正标点符号，使之正确、规范。

常见的修改方法有读改法、冷却法和讨论法等三种。

2. 编辑定稿

文章写好之后，写作并没有结束，写作的成果还得通过发表和传播进入流通环节，接受读者的检验，才能体现写作的价值。

编辑是写作的最后整理和润色阶段。

写作者对其作品中的语法、措辞、拼写、标点、句子结构和过渡词等进行编辑。在编辑的过程中，可以借助于字典和语法书籍，也可以把教师或其他人作为能提供帮助的资源……总之，同学们运用已掌握的语言技能尽最大努力进行编辑，不仅可以增强作品的准确性，而且可以培养认识问题、发现问题、解决问题的能力。

互联网时代，文章通过大众媒介公开展示，提供给别人阅读的过程，即是分享和发表的过程。文章被国家正规纸媒刊物登载算发表，被网络平台公开推送、展示也算发表。网络发表是互联网时代写作成品交流、展示的重要渠道。

纸媒刊物对所登载文章内容质量和语言质量的要求都比较高，审核也比较严格，文章发表的运作周期一般也比较长，写作者必须根据刊物编辑反馈的修改意见对文稿做出一次、两次、三次甚至十几次的认真修改最后才能定稿。

未被删除的微信号（节选）

我向来不愿去逝者灵前，我害怕告别现场哀伤的氛围让人沉浸其中难以自拔。但 2016 年 11 月 17 日上午 9：00，菏泽市立医院的"姚东硕悼念仪式"，我去了，只为了一份高中同学情谊……

灵堂里东硕家人的哭声让人感觉到生命的脆弱与无助，似乎有看不见的命运之手在追逐着逼仄室内的每一粒空气和每一个活着的灵魂，我们的一部分人生是否已被东硕带走？

高中毕业后，虽同住一个城市，但我和东硕在相当长的一段时间内无任何交集，算来我是在 2015 年年夏天高中同学年级聚会上，见了东硕毕业后的第一面，也是人世的最后一面。

那次聚会第一次听同学含混说起东硕罹患乳腺癌的事。尚未来得及唏嘘，脸蛋红扑扑的东硕早已笑靥如花端着酒杯来到我们的桌边，挨个跟同学寒暄。是啊，又有谁忍心把面前精神饱满的东硕，和一个不久于人世的癌症晚期患者联系起来呢？

跟东硕高中相熟的振君同学讲，东硕很看重这次毕业 27 年后的高中同学聚首，为了出席这次聚会，还特意让妹妹陪着买了一套价值几千元的衣服，

振君在电话那头哽咽着说不下去了。东硕平时是极俭朴的。

那次同学聚会之前，东硕的病情其实已开始恶化，距查出病情仅仅过去两年。

东硕追悼会散了，和同学芙蓉前后缓步而出，一段很短的顺河小路我们走了很久。她说，东硕那段时间肝区一直疼，打算送孩子上大学走了再去复查，我当时心里就咯噔一下，其实我们心里都清楚，应该是肝转移了……

芙蓉回忆起说去年夏天同学聚会后跟东硕的一次谈话。我听了心里酸楚，

东硕也许早已清楚自己的大限将至，这才要盛装来见我们吗？要来跟全体高中同学做一次生的告别吗？

2013年9月，在中国医科院肿瘤医院，东硕被查出乳腺癌。在那之前她也曾自觉到一些早期症状，但都只当乳腺炎、肩周炎一类常见女性病痛处理了，直到一边胳膊疼到抬不起来才想到要去北京检查，东硕对自己大意了。

东硕主动加我微信好友几乎是在给我散文《致灵魂深处的姥娘》留言的同时："看着看着，我突然悟到姥爷便是教我历史的曹老师，那时我们都盼着上历史课，好像贫瘠的岁月里，打了顿牙祭……一代宗师啊！怀念曹老师！"

又有多少人还记得教过自己的中学老师？然而，东硕记得。

前年秋天到去年春天，是东硕患病以后感觉最轻松的一段时光，几个疗程的放化疗结束后感觉不错，她回到菏泽还跑到菏泽老年大学去学习绘画和摄影。

东硕去世后，同学纪文在我们微信班级群留言：东硕总是把病情有好转有改善的消息告诉大家，不让大家担心，虽然她食不甘味，身体疼痛……

一次化疗结束，东硕……跟我讲在济南住在振君家里，振君的厨艺那么好，包的水饺像艺术品一样……在东硕眼里嘴里，每个人都是那么美好。芙蓉同学也在班级群里留言。

但东硕终于撑不下去了。

郭立同学将东硕（去世前两天）给他的最后一条8个字的短信转发到群里："快好了！不担心，没劲。"

一个像东硕这么要强的人，那是怎样的难以支撑，才会对同学说出"没劲"二字？

去年秋天，当东硕再一次住进山东肿瘤医院的时候，我们班里也曾发起过一次募捐，当时负责组织活动的同学只是说病情又加重，并没有提及更多。据专程去探望的同学回来讲，她不接受大家的捐款也拒绝见大家，打了几次电话，她和老公才说出住址。

那时医生就已经给家属下了最后通牒：生命最多还剩七八个月……她身上能扎得下去针的好皮肤已经不多了，为了注射方便，右上臂始终插着一根管子，因为天开始转冷穿脱衣服不便，右胳膊的毛衣袖子被剪去了多半条。

病痛的持续折磨也开始让她面对挚友有了不设防：像我这样生活质量这么差，其实就是在一秒一秒地挨时间……

她的肝、肺已经开始肿大，她因需要长期不间断治疗，一家人就在肿瘤医院附近租了很狭窄的一小套房。放化疗的副作用越来越明显，导致口腔溃疡起泡吃不下饭、手脚起泡穿不下鞋。肺积水、肝腹水也越来越严重，积水抽排不出去，让东硕感到憋气，她只能半坐半躺着睡觉。估计很多同学近段时间来收到的东硕微信信息，都是她后半夜难受得无法入睡时编写发送的。

但是，尽管家人坚持不放弃，尽管东硕留恋这个世界，慢慢地，常规用药已经对东硕不起任何作用了，今年秋天开始，东硕的生命进入了倒计时：

10月底，东硕给振君发短信说换了印度进口药治疗有效果，让她放心。

11月初，菏泽有跟东硕相好的朋友去市立医院看她，东硕颈部插着管子，精神看上去还不错，能以微弱的声音聊几句话，还说几天没洗脚了，闺蜜扶着她把脚洗了洗。

但进入11中旬，有去看她的同学回忆说，东硕的眼神已经开始变得无力，饭吃不下，话也几乎不能说了。

2016年11月15日，菏泽这个冬天开始正式供暖的第一天，东硕永远地去了……

（作者：王丽娟）

《未被删除的微信号》是一篇发表于2017年第9期《当代人》期刊上的怀人散文，期刊责任编辑要求文章篇幅必须从近5000字压缩至3000多字（当期刊物排版需要），作者按照要求对文稿修改前后10余次，与期刊责编沟通交流数次，直至文稿通过期刊最终审核（从2016年11月至2017年8月，前后历时9个多月）。在正规、审核严格的纸媒期刊发表文章，必须要经历这种反复修改的过程。

网络媒体平台对所登载文章的质量要求一般不如纸媒刊物高，但需要网络媒体平台发表文章的写作者也都应该具备一定的文字编辑能力，编辑的目的是使文稿在外表上更加美观、合乎规范，以便达到更好的传播效果。编辑时必须根据文章的性质、质量、篇幅等对格式做出适时调整，还要考虑读者的爱好、媒体平台运营方的需求等对文稿进行相应的加工处理。在移动多媒体平台发表文章，要注意排版格式适合手机屏幕阅读，根据屏幕的特点选择合适的字体、字号、颜色和格式等，以便于浏览者阅读等。

无论如何，编辑定稿也是写作过程终端的一个重要环节，每位写作者都必须慎重对待，否则可能会前功尽弃。

第五章　文体专论：三种常见文体写作要点分析

一、"故事写作"

作家莫言认为：自己该做的事情其实很简单，那就是"用自己的方式，讲自己的故事"（2012 年诺贝尔文学奖颁奖典礼演讲词：《讲故事的人》）。

（一）"故事"内涵

英国小说家爱德华·福斯特在《小说面面观》中说，故事"是关于按时间顺序排列的一个个事件的叙述"。故事是对已然（"故"：过去发生的）"事件"的陈述，但故事不是已然"事件"的简单铺陈，已然"事件"必须经过有序组织、贯穿之后才能成为故事。

美国作家罗伯特·麦基说：故事是关于"永恒""普遍"的特殊"形式"，写作者通过自己的思维、想象，在具体的人、物、事上提炼出永恒、普遍性的东西出来，无论写成现实题材的故事，还是童话、寓言等故事，都会是有意义的。曾获"普利策奖"的美国记者乔恩·弗兰克林在《为故事而写作》中说：故事就像一片片"雪花"，看似差不多，其实每一片都"不一样"。每个讲故事的人都应该像莫言说的那样：用自己的方式讲述自己的故事，无论你的故事是真实的还是虚构的。

（二）"故事"要素

故事要素包括主题、人（或物）、情节、环境等。

主题是故事人（或物）、情节、环境等展开的主导要素。故事所有要素都要围绕故事主题展开，主题是故事各种要素的综合和互动的结果，故事主题可以帮助我们深刻地理解人生，加深对人（或物）境况的透视的剖析。

故事主题的内涵和外延都很丰富，比如关于"爱"（爱情、亲情、友情）、关于"生存与死亡"、关于"男女平等"等主题常写常新。

人（或物）是故事的中心，故事中的人（或物）性格要有发展变化的空间，这样才能构成矛盾冲突，推动故事的发生、发展。

讲述故事离不开情节。情节指"事情的变化和经过"（《现代汉语词典》），只有涉及"变化和经过"、影响到人与人之间（或者动物与动物之间）关系的事情才能构成情节。比如"王小虎去看××电影了"，这是事情；"王小虎去看××电影了，王小虎的哥哥听说后也兴高采烈去看了××电影"，就是情节。

（三）"故事"写作突出问题分析

1. 故事"主角"塑造注意事项

人（或物），是故事的主角，是构成故事最基本的要素。故事是有关人（或物）的故事，只有精心塑造人（或物），才能将故事写得活灵活现，打动人心。

首先，注意塑造个性鲜明的故事主角。

人（或物）都有自己的个性，我们写入故事（尤其是童话、寓言故事等）中的人（或物）也应该是有鲜明个性的，或开朗、豁达、正直、善良，或忧郁、保守，或狡诈、丑恶等。写作者在日常生活中要留心观察并对比人物性格、悉心体会并通晓人情世故，另外，也要注意观察各种动物的习性、植物的生长特性等。唯其如此，写出入故事中人（或物）才会真实可信，故事才能产生良好的阅读效应。

其次，故事主角的性格变化在情节铺展过程中要保持连贯。

故事中人（或物）的性格前后可以有变化，但变化必须合情合理。比如人（或物）在故事开始时是善良、正直的，但在情节发展过程中间没来由地就变奸诈、丑恶了，无法令人信服。人（或物）性格形成、变化要有一定的稳定性、连贯性。

另外，注意塑造有行动目标的故事主角。

故事主角无论是人还是动物（或者是其他生命体），一般都应该有明确的行动目标愿望或者努力方向，故事创作者在设置故事情节时一定要注意这一点。

2. 故事中时间线索铺排问题

战国末期"杂家"代表人物尸佼在《尸子》中提出："四方上下曰宇，往古来今曰宙。"尸子所言的"宇""宙"，即我们现代人所说的空间和时间。《尸子》是古人"宇宙"观念和现代人"时空"观念相对应的最古老的典籍。古往今来所有的文学作品，都是由某一时间和某一特定空间的人所创造的。

任何故事都有一个时间维度和空间维度构织而成的时空参照系。

时间维度，即历时性维度。时间维度是就故事的持续性、阶段性或"顺序"而言的：起始、发生、发展、高潮、结尾。写作者必须通过时间量的累积和质的变化来展开情节、展现人（或物）的命运，从而表现主题。

空间维度，即共时性维度。空间维度指与时间"量"的累积变化相交错的空间范围，包括环境、场景、场面等（也包括特定环境、场景、场面中人或动物的装束、肖像、衣服、物件等）。比如：福楼拜的《包法利夫人》开头写包法利的帽子细节描写，10 行的文字详细描述这个帽子的颜色、形状、帽檐，帽子内部使用鲸鱼骨支撑开，还有带子，带子上还有小坠。《一千零一夜》里面有非常丰富的空间细节，一个人必须经历无数的苦难，即历时性加上共时性，才可能有一个完满的结局。

在传统文学创作体系中，空间一般是依附于时间的。我们举施耐庵《水浒传》第二十四回"王婆贪贿说风情"情节来看故事时间线索的铺设安排。

施耐庵为了使西门庆和潘金莲不期而遇情节做到畅通无碍，必须事先埋"线索"才能形成情节的自然"过渡"，这条线索的牵动物就是"帘子"，但紫石街上先遭遇"帘子"的不是西门庆，而是武松：

武松在阳谷县因打虎受到英雄礼遇时巧遇哥哥武大郎。他非常高兴地挑着卖炊饼的担子，跟在哥哥身后回到位于"紫石街"的家，只见"芦帘开处"（"帘子"第1次出现），潘金莲出现在"帘子"下（"帘子"第2次出现）："大哥，怎地半早便归？"武大向潘金莲引荐武松，"武松揭起帘子"进入屋内（"帘子"第 3 次出现)。武松在哥哥家住下，也算相安无事过了一个多月。转眼到了十一月，一天，潘金莲支开武大，在武松房间升好炭火、备了酒菜等武松回家，"冷冷清清，立在帘儿下等着"（"帘子"第 4 次出现）。"武松踏着那乱琼碎玉归来"，潘金莲"揭起帘子"赔着笑脸相迎（"帘子"第 5 次出现）。但潘金莲使出浑身解数，武松不但不为所动，还给她一番教训："嫂嫂休要这般不识廉耻"，再如此，"武二定会拳头伺候"。随后武松搬离哥哥家，又十几日后，被知县派往东京汴梁出差。临行前，武松当着潘金莲面劝武大要每日"迟出早归"并且"归到家里，便下了帘子"（"帘子"第 6 次出现）。

武松走后，武大任凭潘金莲奚落、责骂，只是"未晚便归"，放下炊饼担儿"便去除了帘子，关上大门"（"帘子"第 7 次出现）。自此后十几天，潘金莲还算听话，约莫待到武大归时"先自去收了帘儿"关门（"帘子"第 8 次出现）。又过了三四日，冬已将残天色回暖，"当日武大将次归来"，潘金莲，"自先向门前来又那帘子"（"帘子"第 9 次出现）。也是"合当有事"，恰好此时西门庆"从帘子边走过"（"帘子"第 10 次出现），潘金莲手拿叉竿不牢，失手滑落，"却好"打着了西门庆……潘金莲"自收了帘子叉竿归去"（"帘子"第 11 次出现）。

西门庆出场后，"帘子"仍在断断续续地出现，诗曰"收帘对面好相看"（"帘子"第 12 次出现）。西门庆找王婆帮忙牵线勾引潘金莲，西门庆在王婆家茶房水帘底下"望着武大门前帘子里坐了看"（"帘子"第 13 次出现）。王婆请潘金莲来帮自己做寿衣，"那妇人把帘儿挂了"（"帘子"第 14 次出现）从后门走到王婆家。在王婆家做了一天针线活，天色将晚潘金莲回家，恰好武大归来"那妇人拽开门，下了帘子"（"帘子"第 15 次出现）。潘金莲离开西门庆"蹅过"后门归家"先去下了帘子"，这时武大恰好进门（"帘子"第 16 次出现）。

可以说，"紫石街"故事情节完全是按照时间线索来铺设的，其他的雪景、人物（武松、武大、潘金莲、西门庆等人）、住所（武大家、王婆家、县衙等）、衣饰（各色人物的）、摆设等都是附着时间线上的，而武大家的"帘子"是贯穿整个情节线索的拉手，一共出现了 16 次之多，"帘子"一抖动，整条时间线索皆活起来，依附于时间线上的雪景、人物、住所、衣饰、摆设等也互相碰撞、互相催发，共同推动者故事情节往前发展。

3.关于"故事核"的凝练

故事核儿是故事中的核心情节或细节，是整个故事的闪光所在，要有延伸、扩展性和爆发力。

从哪里获取并凝练故事核儿？注意观察生活，生活中大量的事件（乐事、奇事……）都有可能成为一个好的故事因子，经过加工，经过"意蕴"的挖掘、提炼、再加工就可以获得好的故事核；也可以通过阅读（看书、看电影）或"道听途说"获得，总之要"处处"留心。

(1)"故事核"凝练"七环节"法

故事核儿凝练，可用我们传统的"起—承—转—合"文章结构法概括（见本书第四章第三节"结构"部分），也可以用"七环节"故事编制法概括，即：目的—障碍—努力—收获—意外—转折—结局。

"目的"为"起"：故事主角儿的目标（是什么）。

"障碍"和"努力""收获"是"承"：故事主角儿达成目标的阻力（是什么）；他（或她、它）是如何努力的；"努力"过程很艰难，但总会有"收获"。

"意外"和"转折"是"转"："意外"是一"转"，"转折"是二"转"（主题随之愈转愈深、愈转愈妙）。

"结局"为"合"：故事最终的结局，回应"目的"。

(2)"七环节"故事编制法实践运用解析

我们按照"七环节"故事编制法，来分析一下史铁生《命若琴弦》中呈现的盲人琴师寻求眼睛复明的故事。

目的：老瞎子想复明（盼望有朝一日弹断1000根琴弦，打开琴盒，拿师傅留下的复明药方抓药治愈眼睛）。

障碍：弹断1000根琴弦，是打开琴盒获得药方的前提。

努力：老瞎子一天天在大山里跋涉、弹琴，弹了50年，也盼了50年。

收获：历经50年，老瞎子终于弹断了1000根琴弦，满足了"打开"琴盒取药方的条件。

意外：老瞎子"打开"琴盒取出药方去抓药，但药方被证明是无字白纸……

转折：老瞎子终于明白了师傅的用意，人的命就像琴弦，"拉紧了才能弹好"，而"弹好了就够了"。琴槽里的所谓药方是虚设的目的，是善意的谎言，也是人坚强活下去的精神支撑，人不能没有这种精神支撑。于是，他告诉徒弟小瞎子：他记错了师傅嘱咐他的话：将1200根琴弦弹断后，才有资格拿到治"复明"药方。

结局：呼应"目的"，小瞎子开始另一场获取复明"药方"的目标追寻。

附："故事"写作实践案例分析

故事"改写"练习是一种学习故事写作的行之有效的方法，在日常教学过程中也经常使用。

民间故事《鹦鹉的智慧》改写

目的："我"（鹦鹉）渴望回家。
障碍：但"我"被商人关在笼中。
努力："我"让商人给同伴带（问脱身之计的）口信儿……
收获：商人带来（同伴示范）的脱身解救计，"我"立马装死。
意外：商人被蒙骗，要将"我"埋在树下，给了"我"脱身机会。
转折："我"趁商人放手的瞬间脱身逃离。
结局："我"（鹦鹉）重返树林之家。

我是一只鹦鹉，原来生活在孟买市郊的树林里，因为觅食时的疏忽，误入陷阱，被当地贩卖鹦鹉的人捉了去，后来几经转手，才到了现在的主人手里。

现主人是一个商人，常到世界各地去做生意，他对我很是喜欢。他觉得我聪明可爱，善解人意，对此我只能表示……我都寄人篱下了，再不表现得乖巧讨人喜爱一点，早就只身流浪，客死他乡了。当然这些，商人可不知道，我还指望着养精蓄锐，说不准有一天能回家呢。

或许是老天爷可怜我，我终于等到了回家的契机。这天，商人说他要出远门，到孟买做庄大生意，出发前他问家里人："你们需要在孟买买些什么，都说出来，我回来时，带给你们。"家人们都一一说给商人，我也有话说，但我没插上嘴，眼看着商人就要转身出门了，我着急地在笼子里扑腾，甚至打翻了商人给我准备的大餐。或许是我闹得动静足够大，商人跑过来安抚我说："小东西，你安心在家里待几天，我很快就回来陪你玩。"说着就转身要走，我想听到的可不是这些，于是我又开始扑腾翅膀，做出一副舍不得他离开的样子，他又回来安抚我说："亲爱的小东西，别闹了，我很快回来，路途遥远，我实在不忍心带着你受苦。你需要我带什么东西回来吗？"目的达到，我故作乖巧地说："我什么都不需要，如果可能，请给我带个口信好吗？"

"为什么不能，只要你说出来，我一定给你带到，只是不知道带给谁？"商人回答道。

我说："孟买市郊有座树林，林中有许多我的同伴。你对它们说：'关在笼子里的伙伴问候你们，想念你们。'请你把它们的回话带给我，就算是为我办了一件大事。"商人听完这些话，就走了。

接下来就是漫长的等待了，不知道商人能不能把话带到，也不知道那些兄弟们能不能领会我的言外之意。唉，回家路漫漫，老大那么聪明，肯定能懂我。少了商人每天的骚扰，我的日子过得甚是逍遥，除了偶尔担忧是不是真的能回家之外，每天吃吃喝喝，好不快活。

日子过得很快，商人回来了，如约给家人带了不少礼物。我看着他给家人分完东西，坐在椅子上讲这一路的见闻，怎么也等不到他到我这跟我讲兄弟们带给我的回话，我主动开口问道："主人，你把我的事情忘了，还是没见到我的同伴们？或者是它们没有给你回话。"

我的心情甚是忐忑，就怕我的兄弟们没能领会我的意思。就在我内心焦躁不安，强装淡定时，商人终于开了口："你的事情，我哪里会忘记呢！不过，我确实没听到任何回话，所以没法告诉你。"此时我的内心很是凄凉，差点抓不住脚下的小横杆，我稳了稳身形，不死心，又问："那么你能不能把你看到的一切说给我呢？"商人面色犯难，可能是也想不出别的什么理由搪塞我，只好将他看到的娓娓道来：

"我走进林子，看你到了你的朋友。我把你的话一字不差地说给它们，它们什么都没说，只是盯着最高树梢上的一只，突然，那只鹦鹉摔落到地上，立马就死了，然后，陆陆续续你的同伴们也都落到地上死了。所以我没法转达它们给你的回话，根本没有回话。"

我一边听一边疯狂转动我的小脑瓜，最高树梢上的鹦鹉一定是老大，老大那么聪明，为什么会落到地上？然后……我懂了！于是，在商人话音刚落的时候，我身形晃动，从小横杆上跌下来，一动不动。

商人大概很伤心，他打开笼子，把我抱了出来，像往常一样抚摸着我的毛发，嘴里不停地念叨着过去，然后走到一棵大榕树下，打算把我埋起来。在脱离他手的那一刻，我振翅高飞了起来。我扭头看了一眼商人，他眼泪还挂在脸上，面色惊讶，嘴里呼喊着让我回来。我冷笑一声，回去是肯定不会回去的，我终于自由了，我终于可以回家了。

不知道飞了多久，我终于回到了市郊的树林，时隔多年终于见到了我的兄弟们，只是它们身上或多或少都带着伤，我疑惑出声询问，却挨了老大一翅膀："要不是为了告诉你假死脱身，兄弟们至于从树上直挺挺地跌下来吗？""就是！你都不知道摔下来多疼。不过你回来了就好。"我听着兄弟们的叽叽喳喳，内心甚是温暖。

后来我从兄弟们口中慢慢拼凑出了事情完整的经过。大家都以为我死了，就老大不相信，这么多年一直坚持找我。商人带话那次，他一听就知道是我带的口信，灵机一动，生出假死一计。好在大家都很机灵，没拖后腿。就这样，我终于回了家，没有了风吹不到雨淋不到的舒适小窝，也没有了丰盛的一日三餐，但是我有我的兄弟们，我自由了。

后来，听说商人又养了一只鹦鹉，和我长得很像。不过此时，我正和伙伴们在林间嬉戏，好不快活。

（作者：闫合笑）

本篇为学生运用故事编制"七环节"法进行的练习作业（"改写"民间故事《鹦鹉的智慧》），脱胎于原作而又不拘泥于原作（比如将第三人称变成第一人称等），写法比较活。

宋金对峙时期，北方文论家王若虚在《滹南遗老集》（第三十七卷）中曾探讨过文章"体"之有无的问题："或问文章有体乎？曰：无。""又问文章无体乎？曰：有。"他认为"定体则无，大体须有"。这也从另一个方面提醒我们如何辩证地理解刘勰在《文心雕龙》中提出的"摹体以定习"的问题。初学写作者，"仿写""改写"（还有"续写"等）功夫的磨炼都是必需的，但"仿写""改写"不能机械照搬，不能把前人文法体制规则看成是固定的、死的。

故事"改写"练习过程中，写作者根据个人表达特长，有所选择地去进行"改写"，将适合自己、贴近自己的东西剥离出来"为己所用"，才是正确的实践锻炼路径。

二、"散文"写作

我国散文有着悠久的历史和辉煌的成就。古代散文发展的历史可以追溯到先秦诸子散文：春秋战国时期诸子百家阐述自己对自然和社会不同观点和主张的哲理性篇章，像《论语》等的言简义丰、含蓄隽永；《孟子》等的言语犀利、气势恢宏；《荀子》《韩非子》等的说理清晰、论辩透辟；《庄子》等的构思奇特、文笔汪洋恣肆。

魏晋南北朝时期，散文逐渐成为一种独立的文章体裁样式。唐宋时期是中国古代散文大繁荣的时期，韩愈、柳宗元、欧阳修、苏轼、曾巩等人倡导的"古文运动"，注重用质朴、复古的散行文字取代华丽、柔靡的骈文，注重对先秦著文传统的复归，发挥文"明道"、文"载道"、文"见道"的社会功能。自此，散文写法日益丰富，散文创作渐趋成熟。清代以方苞、刘大櫆、姚鼐等为代表的"桐城派"古文运动提倡"义法"（"言有物""言有序"），强调语言"清真雅正"，是唐宋古文运动的继承和发展。自唐宋至清代产生的大量山水游记、小品文、传记类优秀古代散文名篇流芳后世、历久弥新。

（一）"散文"特点

"五四"时期倡导人性解放，以鲁迅、冰心、朱自清等为代表的散文家们共同营造出了五彩斑斓、风格各异的现代散文创作新气象。刘半农在《我之文学改良观》（1917 年《新青年》第三卷）中首次提出了作为文学大家族成员之一的现代散文概念：所谓"散文"，亦"文学的散文"。"散文"作为一种与戏剧、诗歌、小说相提并论的文学体裁的名称从此被广泛应用。现代散文既继承了古代散文创作的美学传统，也汲取了西方 essay（"随笔"或小品文）文体的营养，在很短的时间内，取得了令小说、诗歌、戏剧无法比拟的成绩。朱自清先生在《背影》（序言）中曾论及 20 世纪 20 年代散文的繁盛："这三四年的发展，确是绚烂极了"。鲁迅在《南腔北调集·小品文的危机》也曾说到五四时期散文的成功，"几乎在小说戏曲和诗歌之上"。

散文是一种"取材广泛""写法自由""个性鲜明""文情并茂"的文学体裁（董小玉《现代写作教程》）。散文是一大类文体，随笔、小品文、杂文、游记、传记、回忆录等均属于散文文体范畴。

散文文体特点主要有：取材广泛；意蕴深刻；形式自由；情感真挚。

取材广泛，指散文取材无所不包：自然景观（山、水、日月星辰，花草树木、鸟兽虫鱼等）；人文景观（历史典籍、古迹名胜、文化风俗等）；社会生活（国计民生、衣食住行、人际交往、生态保护等）……一切富有认识价值、时代气息的人、事、景、物、理，无不可作为散文取材来源。

意蕴深刻，意蕴指"内在的意义"（《现代汉语词典》释义），散文意蕴既包含散文的主题、也包含内在的精神气韵等。意蕴深刻指散文对材料的挖掘不停留在表面，常常"以小见大"或"平中见奇"。

形式自由，散文综合运用叙述、描写、说明、议论等多种表达方式进行记人写事、写景状物、抒情议理，创作手法多样，想象、联想收放自如，"行于所当行""止于所不可不止"（苏轼语），所以散文的形式非常自由灵活。

情感真挚，指散文要表达真情实感，不虚伪，不做作，不为情造文也不为文造情，勇于直面人生、剖析自己。

（二）"散文" 分类

根据散文内容和表达方式的不同，可将散文分为三类：记人（或物）叙事类散文、写景类散文、哲理类散文。

1. 记人（或物）叙事类散文

以记人（或物）叙事为主要内容表现作者思想情感的散文称为写人（写物）记事类散文，侧重于以现实生活或历史场域中的真人（真物）、真事为基础，记写人（物）活动风貌，或事件的发展过程。

写人一般离不开记事，记事也离不开写人，人是事件发生、发展的核心因素，事件是人展开精神风貌的依托，二者相辅相成。比如柳宗元的《捕蛇者说》，鲁迅的《记念刘和珍君》、阿累的《一面》、茅盾的《白杨礼赞》、丰子恺的《阿咪》等。

2. 写景类散文

以写景状物为主要内容表现作者思想情感的散文称为写景类散文。比如柳宗元的《小石潭记》、王安石的《游褒禅山记》、范仲淹的《岳阳楼记》，朱自清的《月朦胧鸟朦胧帘卷海棠红》、汪曾祺的《昆明的雨》等。

柳宗元的《小石潭记》写永州无名小石潭，仅 100 多字，却移步换景、层层深入，写得情景交融、意蕴深远。第一段写"伐竹取道"发现景观：不见"小潭"，先闻水声"如鸣珮环"，心"乐之"；既见"小潭"，细致描摹潭石形态，为"坻"、为"屿"、为"嵁"、为"岩"。第二段承接第一段情景描写，将镜头给了潭中鱼，继续写心"乐"：鱼有"百许头"，或动或静或"远逝"，来来往往，似与人"相乐"。第三段顺承前文、也勾连下文，但又变换景观视点望向"潭西南"，曲折蜿蜒，不知其源头在哪里。过渡自然。第四段景色观感由幽美转入凄清，借景寄托自己的孤寂心境，但终究是"其境过清，不可久居"，随记写而去，"不游尽妙境"，余味无穷。

3. 哲理类散文

以事理说服为主要内容表现哲思的散文称为哲理类散文，表达方式侧重于议论，但议论也离不开叙述、说明，比如韩愈的《答李翊书》、柳宗元的《答韦中立论师道书》、白居易的《与元九书》，余秋雨的《一个王朝的背影》

《中国文脉》等。

（三）"散文"写作注意事项

1. 注意拓宽取材渠道

写作者应多注意开拓写作取材渠道，多注意提升文化和生活修养，从贴近文化传统、现实生活方面进行多角度、多向度材料的积聚和选择，自然人文景观、社会物质文化生活的方方面面都是丰富我们写作材料库的源泉。自然风光提供给我们与宇宙万物和谐相处的场所；传统文化滋养我们思想、升华我们的情感；社会生活的千变万化督促我们写作脚步的永不停歇。散文写作者要充分发挥散文取材广泛的优势，学会从"司空见惯"中发现和获得材料，材料从传统、生活中来，写作也要到传统、生活中去。

2. 注意开掘材料的深刻意蕴

除了拓宽取材渠道之外，还要注意开掘材料的深刻思想和文化含义。材料无论来源于现实生活还是文献资料，无论是社会重大历史事件，还是平凡日常琐事，写作者都要做到透过现象看本质、拂却尘埃观真谛，不人云亦云、不偏听偏信，对待任何材料都要做到仔细揣摩、认真思考。

进入新世纪之后，一些女性散文作家为社会奉献了不少反映现实生活题材的散文作品，也是一种很好的尝试，比如：迟子建写故乡风物、童年旧事的散文集《听时光飞舞》《也是冬天，也是春天》。梁鸿为故乡"梁庄"写的《中国在梁庄》《出梁庄记》；王小妮为自己的大学课堂书写的《上课记》；塞壬书写南漂生活的《下落不明的生活》《奔跑者》等。还有一些学者型女散文家创作出了不少文化含量很高的文化散文，比如：周佩红记录阅读博尔赫斯、茨威格等文学大家精神历程的《孟加拉玫瑰的颜色》；赵玫用灵魂对话伍尔夫、杜拉斯、福克纳等文学大师的《灵魂之光》；潘向黎与中国古典诗词对话的《看诗不分明》，都体现出了女性散文作家的深厚文化修养。

3. 注意表情达意的真实自然

因事悟理、即景抒怀、托物言志，是人类情感自然而然流露的方式，也是散文达意表情的方式。白居易在《与元九书》中说"感人心者，莫先乎情"，散文的情感抒发讲求真挚、深刻、健康向上。散文作者一定要注意以理性

"堤坝"规范好情感水流的运行走向，警惕为情造文、为文造情等。在这方面，当代中青年女作家为我们做出了很好的榜样。

比如，迟子建散文集《也是冬天，也是春天》充满着对现实生活与天地万物的感激和敬畏之情，在《一个作家应该谢谢什么》中，她首先感谢"脚下的冻土地"，还感谢"夏日的激流"、端午节采到的"带露水的艾蒿"、园田和地窖的"蔬菜"、家乡"河流的鱼"，还有都柏林海滩"迎风而立的盲人老妪"、香港维多利亚海滩上空"飞翔的鹰"、巴黎奥赛博物馆"米勒的油画"等。写出《出梁庄记》的女散文家梁鸿，每当离开梁庄老乡打工场地和出租屋时，她的心中都夹杂着一种"任务终于完成了"的、略带"卑劣"的如释重负，但她敢于剖析自己，并且认为这是她"必须解决的心理障碍"，还有"羞耻"，也是每个人"心灵黑洞"的赤裸裸呈现。王小妮感慨她的《上课记》直接来源于她"曾经是个学生家长"，是大学课堂的"记录本身"，是她"会认真对待每个学生的原本心态"。

4. 注意文体形式的多样化拓展

散文的形式是自由灵活的，当代散文作家也一直在做文体形式方面的开拓性工作，比如回归我国古代文、史不分家的大文化散文传统；借鉴小说意识流创作手法等。

余秋雨是当代回归大文化散文传统的践行者。他的文化散文立意高远、意蕴深厚，多采用文化俯瞰和历史考证融会贯通的方式，立足于真实可靠的典籍资料和亲力亲为的调查寻访，以雅正大气的语言来书写对传统历史文化沧桑变迁的感想和哲思。比如，他在《中国文脉》中充分调动叙述、描写、议论等多种表达方式，描写自己对殷墟甲骨文和青铜器的观感：他说自己喜欢看着殷墟"甲骨文和青铜器发呆"，因为那里面埋藏着孕育"中国文脉"的神秘因子，在殷墟那个寂然无声的"老码头"上，他竟然听到、闻到了使中国文学一开端就充满着"虫鸟声""稻麦香"的《诗经》的"声音"、《诗经》的"香气"。文脉一路向下走到唐朝。他形容唐朝是出乎所有文人意料的"一场审美大爆发"，"这是机缘巧合"、是"天佑中华"，而韩愈发起的"古文运动"则是寻找朴实的"古意"。何谓"古意"？"古意"是个性，是包含着"词必己出"的创新。文章最后，余秋雨提醒当代试图将"中国文脉"接通的年轻人，要"滤净心胸"，静静遨游于"从神话到《诗经》"以及其他"文学星座"的苍穹之中，然后才有可能成为这些星座的"受光者、寄托者"。殷殷期望之情溢于言表。

当代小说家、散文家蒋子丹认为，各种文体的交叉使用，反而"使写作获得了极大的自由"。她的散文《动物档案》记录了一系列有关流浪猫、狗以及救助者的故事，其中有新闻报道式真实事件展示，也有合理的想象虚构；散文《一只蚂蚁领着我走》是依据真实素材虚构的故事，呈现的是人类、动物与环境之间复杂矛盾的关系。

散文家周晓枫则追求一种"寄居蟹式"散文创作风格，她的多篇散文作品如《离歌》《石头、剪刀、布》《有如候鸟》等都进行了文体跨界尝试。散文家鱼禾的《失踪谱》《驾驶隐喻》等作品，在突破散文文体界域方面也作出了自己的贡献：奇异的人物与故事，中断与空白的情节，历史与现实经验的融入，隐喻笔法等小说叙事模式在散文创作中的使用，拓展了散文文体的时空维度。还有李娟描写新疆边地风景的散文集《我的阿尔泰》《阿尔泰的角落》《遥远的向日葵地》，也在文体边界拓展方面有自己的独到之处，李娟的散文纯净清澈，有头尾相继的故事发展，有情节发展和大量细节变化，她认为自己的散文"其实就是一部部标准的小说"。

附："散文"写作实践案例分析

父亲的月光（节选）

（开头）午夜蓦地醒来，窗外银银的，月光盈沸，秋虫唧唧。木瓜树枝柯的辉泽与暗影交叠。身子蜷缩在床板上，眼前是一望无际的幽深，造物在漫漶中随意散落，远近左右辗转。

月光总喜欢在这样的夜晚垂下一条绳索或梯子，把人带离熟悉的一切，空悬于希冀之地，毫无征兆。

天还不是太凉，就像现在，那是第几次看完《半夜鸡叫》的晚归，父亲？

你的胸前暖暖的，总是让幼小的女儿贪恋。银幕上周扒皮怪声怪调的鸡叫再一次沉落下去，长工们都回去睡觉了，女儿也假装在你怀中乖乖睡去。

人群开始朝影院外涌流。回家喽！你自说自话着把装睡的女儿轻轻揽放在肩头，另一手拉着母亲，冲出影院。月光骤然降临，户外乳辉一片，把人心浸润得能忘掉周扒皮，也暂时忘掉木偶小宝。

那晚月光银样的亮，天上还有几颗星星，周围的一切都可以看得清晰。我半眯着眼睛趴在你肩膀上，我和你留在地上的影子被拉得那么长，若不是赖骗你的抱，我一定会拉着你的手指给你看，那地上移动着的神奇月光剪影。夜在你一颠一颠的步履中慢慢加深。

小时候老城的街道比现在要窄很多，白天晚上都是安静的，汽车几乎看不到，人也少，一串自行车丁零零的铃声就能响透整条街巷。街就那么些条，每条又都是那么短，孩子们几乎每天都会用小脚去丈量，从西向东，从北到南。全城唯一的电影院就坐落在中大街上。

出影院往东不远，就走到城中心，三层的百货大楼矗立在石碑隅首，那是小孩子眼里的庞然大物，可惜晚上黑黢黢的，一点白天的热闹劲儿也没剩下。我喜欢跟着大人逛百花大楼，喜欢它高亮宽敞、平滑的水磨石地面，还有厚重的楼梯，我在地上蹲坐打滚衣服仍是干净的，不会被母亲骂，也可以上到三楼顺着楼梯木扶手瞬间爽爽地滑到二楼、再到一楼而不被大人察觉。这在低矮的家中是想都不敢想的。过年时，母亲会带着我拉着父亲，高高兴兴到百花大楼扯些斜纹布，要给家里每个人做新衣，我窄小的棉袄外面不久也会添一件鲜艳肥大的线尼罩衣，那是我们在大楼里少有的奢侈时刻。母亲瞪大眼睛把柜台上的布头翻来摸去，而父亲会插空为我买上几个扎头辫的小橡皮筋、小发卡。丽妮的头发那么厚，太毁皮筋，母亲总跟父亲这么说。但她却只准我头发一直留着，并且每次给我梳小辫都把我头发薅疼直到眼泪下来，我经常哭闹着拖半拉辫子跑去外面玩，半道再被母亲揪回。

往北拐上潘南街，父亲把抱我的手交替了一下，越长越大的女儿也是越来越沉了吧，父亲？趴在肩头的我看着马路两旁的槐树、榆树、合欢树在悄悄往后退，水分尚存的树叶有些灰蒙蒙的秋意。春天时这街两旁树上的槐米几乎被人钩了个遍，父亲也自制了一个铁钩子闲时带我来钩过，据说槐米晒干能卖钱。残存下的槐米就开成我们可以蒸着吃的串串槐花。合欢树在春天是很漂亮妖媚的，玫红粉红的绒花一朵朵开满枝头，有时父亲也会顺手摘下两朵帮我插在辫梢。晚上合欢树的小叶子都是闭合起来的，像含羞草一样，待到清晨再张开。

看到北戏院了。最晚一出戏大概也已散场，我知道父亲最爱看的戏是两夹弦《三拉房》，男女分别缠绵不清的小戏，奶奶也爱看，每次戏散回家他还会没腔没调地跟母亲咿呀上两句："贤妻你尽管宽心放，考罢之后我早回程"，"嘱托的言语我牢牢记下，丈夫我句句记心中"，把母亲脸臊个通红。父亲如果能在戏院里当检票员该多好，他那么爱看戏可以每天看个够，我也不必被手电筒追赶着满戏园子找地方躲藏。

戏院门口这时还有微弱的灯光，我想演员此刻是否还在化妆间忙着卸脸上花花绿绿的油彩？我常掩不住好奇，每次戏演过半，逮准时机就要找借口溜到后台去偷窥演员上妆……

过了北戏院再往前便看不到灯火了，好在月华盈天。紧走了一段我们就回到了家。父亲小心地把我放在床边，我揉揉眼睛一副刚睡醒的样子，父亲微笑着蹲下看着我，他一定知道我在装睡只是不挑破？父亲洗得发白的蓝布中山装肩头看上去有一小片濡湿，那该不会是我口水洇透的痕迹，刚才真的在你肩上睡了一会儿吗？

……

（结尾）今夜，月来了，月光银银的，如下了一场的霜，户外的木瓜树上、栅栏上、铁门上，满满的都是白的霜。

桂花的白，在霜样的月下，更是加倍的明，加倍的银。我看见，有猫从桂花树下走过，猫的蹄爪是月光，如幽灵。那些叶子，如鱼游在月里。

父亲，今晚月光像我小小身子偎在你怀中时一样鲜亮，父亲，你闻到女儿东墙边桂花浓浓香气了吗？

我听到一阵风声暗暗掠过树梢……

（作者：王丽娟）

《父亲的月光》是发表于 2022 年第 3 期《金沙江文艺》上的一篇写人记事散文，写人、写事也写景。在写作过程中，作者注意文体形式的拓展，主要借鉴了小说意识流写作手法将材料构织串联成篇，实写与虚写相辅相成，现实与回忆相互交错：夜不能寐，想起随父亲电影院看电影、剧院看戏、春节百货大楼购物等儿时经历……如同散文家周晓枫在散文集《有如候鸟》（自序）中所言：希望把一些戏剧元素或小说情节等都带入散文创作之中，借以增强散文的"消化能力"，让散文不仅可以抒情，还可以通过叙事、写景将"故事"掰开、揉碎并消融在字里行间，这里面既有对故事进行"物理意义"上的肢解，也有"化学意义"上的溶解，以小说之"形"来探索散文创作之新的路径。

文心越千年（节选）

知晓刘勰和他的《文心雕龙》是在曲阜求学时。不懂《文心雕龙》不足以谈中国文学批评，这是曲阜杏坛夫子们给我们的布道。刘勰的"神思""物色""情采"篇时时警示着我们的创作，也被我屡屡用作大学课堂剖析写作的导线："情与气偕，辞共体并"；"情者文之经，辞者理之纬"；"情以物迁，辞以情发"……

西晋末年永嘉之乱后，中原人士为躲避连年的战乱和疾疫，抛却世代居住的热土，纷纷南迁。刘勰的先祖也随着南迁人潮从东莞莒地（今山东日照莒县）移居京口（今江苏镇江），至少从刘勰的曾祖父开始，刘氏一族便开始在京口繁衍生息。

刘勰（465—532 年）生逢乱世，一生经历了南朝宋、齐、梁三个朝代，近十位皇帝你方唱罢我登场。《文心雕龙讲疏》的著者王元化先生考证说，刘勰"出身于家道中落的贫寒庶族"。六朝时期，"上品无寒门，下品无世族"，士庶阶层社会地位的高下之别犹如云泥之隔。西晋文学家左思曾写诗斥责过门阀制度对寒微出身之士的无情毁损："世胄蹑高位，英俊沉下僚"，"冯公岂不伟，白首不见招"（《咏史八首》其二）。

刘勰 8 岁时，父亲刘尚在建康（今南京）战死沙场，"勰早孤"，但却"笃志好学"（《梁书·刘勰传》）。南齐武帝永明八年（490 年），25 岁的刘勰只身一人来到京师建康，步入钟山名刹定林寺（即南定林寺），做了一名带发修行的俗客。

《梁书·刘勰传》这样记载：在卷帙浩繁的定林寺，刘勰依附于沙门僧祐大师，十余年与之朝夕相处，苦心研修儒家经典和佛经。应该说，贫寒的刘勰不幸人生中的万幸之事，即遇到了一代宗师僧祐。

僧祐世称"僧祐律师"，俗姓俞，祖籍彭城，比刘勰年长 20 岁。僧祐自幼便表现出对佛教的浓厚兴趣，在建初寺（南齐建业城内）出家，拜僧范为师。14 岁时又转投（钟山）定林寺法达门下，在定林寺受具足戒后，又拜律学名匠法颖为师。随法颖 20 余年"竭思钻求，无懈昏晓"的苦学磨砺后，终"大精律部，有迈先哲"，成为一代律学名僧。刘勰在僧祐的引导下，校经理典，潜心佛事，于红尘之外的佛祖那里找到了心灵的安顿。

南齐明帝建武五年，已逾而立之年的刘勰，做了一个梦，梦见自己手捧丹漆礼器，跟随孔子向南走。梦醒后，刘勰感到异常高兴：夫子竟然托梦给自己这个无名小子，这难道不是薪火相续、托委重任吗？自当终生努力不负圣人惠泽，就像《文心雕龙》所言穷则"独善以垂文"、达则"奉时以骋绩"，刘勰一生希冀成为的是那种文采与器用兼备之士。

从南齐明帝建武五年至齐末和帝中兴二年（498—502 年），寒暑更迭，兀兀穷年，刘勰以四载的光阴，在钟山定林寺为中国乃至世界文论史和美学史奉献了一曲华彩乐章：《文心雕龙》。

是藏之名山，还是在当代获得世人的认可？刘勰苦苦思索，最终还是决定将这部记录自己多年文学创作研究成果之书与世人共享。但刘勰"人贱物亦鄙"，这部著作脱稿之后，却"未为时流所称"，这时他想到了当时的文坛领袖沈约。

难得一代文坛霸主沈约慧眼识英才，刘勰没有选错伯乐。沈约认为《文心雕龙》"深得文理"，于是"大重之"，常将《文心雕龙》放在几案上阅读（《梁书·刘勰传》）。刘勰被沈约器重的消息传出，《文心雕龙》立时身价大增，誉满江左。

也许赖以沈约的推荐，梁武帝天监三年（504年），刘勰终于离开定林寺正式踏上仕途，成为临川郡王萧宏幕府中的记室。而那秘书班子藏龙卧虎：或出身士族高门，根基深厚（刘昭）；或励精勤学，博洽群籍（殷芸）；或文章名世，工诗能赋（丘迟）；或少有奇才，为世所重（王僧孺），无一寻常之辈，刘勰也因此做事更加勤勉用心。后来刘勰升迁步兵校尉兼东宫（太子萧统）通事舍人，位列六品。

这是刘勰人生、仕途辉煌的一段时期。然而好景不长，命运弄人，随着沈约、恩师僧祐的接连去世，刘勰15年的仕宦生涯也黯然落幕。

天监十八年（519年）四月，刘勰被解除步兵校尉之职，重回定林寺编纂经藏，整理僧祐的经书。

15年后，刘勰重回定林寺，人生就像一个圆圈，起点也是终点。报国无门，欲哭无泪，也许在梁武帝和萧统太子眼中，出身卑微的刘勰只是一个文人；步兵校尉之职是远不如整理佛经重要，这就是刘勰不得不面对的现实。

梁武帝普通二年（521年），完成整理佛经任务之后，"落入郁郁不得志的境地""怀有说不出的苦衷"（王元化语）的刘勰上表"启求出家"。他用火烧掉了两鬓之发，穿上缁衣，改名慧地，正式皈依佛门……

《梁书·刘勰传》记载，普通三年，56岁的刘勰出家不到一年即辞世，谓"未期而卒"。

三万多字的《文心雕龙》机关尽设，创作方法隐喻点令人目不暇接。

刘勰用大量的骈俪文字，来消融天赋为写作者脱颖彰显唯一前提的误区。刘勰强调思虑、文思，强调积学储宝，不强调才气。他虽在《风骨》篇里讲文气，辞理与风趣属于才气一路，但也认为学有浅深，创作者完全可以通过对各种文体的摹习、模仿获得，甚至可以"摹体以定习"，"学有浅深、习有雅郑"属于学习的结果。以此来制衡文气说，强调后天效法学习的重要，打破惯常之写作能力先天定的大众误识。《体性》篇以"习亦凝真，功沿渐靡（通'磨'）"收束，范文澜先生注曰："真者，才气之谓。"刘勰显然在说，"陶染学习之功，亦可凝积而补成才气也"。

"才由天资"，天赋不可教，但方法却可以教授、传授，"学慎始习"，甚至可以"因性以练才"，因为"八体屡迁"变动不定，人完全能够通过对各种文体的苦心磨炼"功以学成"。

"文心"，言为文之用心。也许，刘勰认为自己即是一天赋不敏，经过潜心研磨才成辞文显达之一路的，不然他怎会用《文心雕龙》大半的篇什，苦口婆心告诉我们"逐物实难，凭性良易"的写作箴言？文果载心，文心有寄，刘勰应该也是在用《文心雕龙》为后人埋下了一颗延续1500年写作理论的种子……

（作者：王丽娟）

《文心越千年》是发表于2022年第5期《胶东文学》上的一篇记人类散文，也是一篇历史文化散文，主要采用了夹叙夹议的表达方式挖掘材料的文化内蕴，既有对《文心雕龙》著者刘勰身世的探源，也有对《文心雕龙》写作学意义的分析。文稿修改前后不下20次（篇幅从7000多字删改至5000多字），仅题目就修改了不下10个：比如从一开始的《遥望刘勰》《多少楼台》《刘勰：播下千年写作之种》《刘勰：回到种子里去》《寻找文学的火种》，再到《刘勰：回到文心》《寻找文学之心》《文心的寻找》《千年文心》等。最后经与刊物责任编辑反复商榷后才将文章题目确定下。

三、"本科学位论文"写作

本科学位论文写作是本科生毕业前必须完成的一项学术研究工作，是阐述本科生学术研究成果、标识其学术研究水平的重要资料，也是学生申请本科学士学位的基本依据。本科学位论文的撰写必须符合国家及相关部门制定的有关标准，符合汉语语法规范。指导教师应加强过程指导，严格把关各过程环节。

（一）"本科学位论文"基本构成

本科学位论文主要由6部分构成：题目；中、英文摘要；关键词；正文

（引言—正文内文—结语）；参考文献；脚注。

1. 论文"题目"

题目是以简练、明晰的语句对论文最重要信息的精当概括，要做到文、题贴合。题名中一般要使用规范的词语表达（以2013年6月国务院公布的《通用规范汉字表》为准），避免使用缩略词、符号、代号、公式等，题目的中文字数一般不超过25个字，中、英文标题相一致。

2. 论文"中、英文摘要"

摘要是对论文主要内容提纲挈领的概括陈述，能让人不阅读论文正文就能获取必要的学术信息。摘要中应用第三人称的方法记述论文的性质和主题，一般应采用"对……进行了……研究""报告了……的现状""进行了……的调查"等第三人称表达方式。语言表述要确切、简明、逻辑严谨。不分段，篇幅一般不超过300字（英文摘要与之对应）。

3. 论文"关键词"

关键词是标识论文主要内容信息的词语或短语，要求具有一定的学术意蕴。关键词通常为3~6个，以词语在文中出现的先后顺序排列；两词之间加分号（中、英文关键词一一对应）。

4. 论文"正文"

正文包括"引言""正文内文""结语"三部分。

（1）"引言"

引言部分主要阐述立题依据（选题来源，相关选题在国内外的研究进展和研究现状包括薄弱环节或空白点等）、研究目的、研究范围和意义（本篇论文的创新点、学术预期等）。该部分是论文的纲领，应有一定的文字量和信息量，语言要求高度概括、言简意赅。

（2）"正文内文"

正文内文是论文的主体部分，一般包括背景介绍和各部分内容阐述论证等。

概述中一般涉及论题相关概念的界定、发展背景介绍等。

各部分内容阐述论证是重点，写作者要步步为营、有理有据地阐发相关论题的详细研究过程。要求事实论据和事理论据相结合、理论和实践相结合，逻辑严密、文意贯通，语言表述应该准确、严谨、规范。

论证展开的方式主要有总分式、分总式、并列式、递进式等。

总分式：是先提出中心论点，然后运用各分论点从多个方面加以证明的论证方式。

分总式：是先从几个分论点入手论述，最后加以总结概括的论证方式。与总分式相反。

并列式：是围绕一个中心论点把几个有关的分论点进行分类排列并逐一论述的论证方式。各个分论点之间的关系是并列关系。

递进式：是围绕一个中心论点进行层进式论述的论证方式。各分论点之间的关系是递进关系。

论证过程中还应理清思路，注意过渡衔接自然、前后文段落意脉的贯通，各级标题眉目清晰。

论证的方法主要有归纳论证、演绎论证、类比论证、对比论证、例证、引证、因果论证等。

归纳论证是根据对个别事物或事理的分析，概括出一般性结论的论证方法。

演绎论证是根据对一般事物或事理的分析，推演出个别性结论的论证方法。

对比论证是通过两种（或两种以上）事物或事理的对照、比较（找出不同点）来证明论点的论证方法。

类比论证是通过两种（或两种以上）事物或事理的对照、比较（找出相同点）来证明观点的论证方法。

例证法：是用典型案例作论据来证明论点的论证方法。

引证法：是用人们公认的事理（定义、名家名言等）来证明论点的论证方法。

因果论证：是用已知的原因（或结果）来证明结果（或原因）的方法。

（3）"结语"

结语是对前文推演论证内容的总结，是整篇论文的总体归纳和综合。结语应阐述相关论题研究中存在的缺憾及进一步开展相关研究的可能性，或者前景展望。语言表述应当准确、概括、简洁。

5."参考文献"

参考文献一般附于论文结语之后，是论文的文献参考来源，也是写作者文献参考视野广博与否的反映。参考文献一定要真实、可靠、权威，是学界公开出版或发表的书籍或期刊，所有列举条目都应是作者亲自阅读并亲自核实过的（最好是学界权威学术论著或近五年以来的最新研究论文），不能出现任何差错，这也是对学界研究成果所有者的尊重。论文指导教师也应帮着论文写作者一起进行文献资料的核实查对工作，以确保其万无一失。

我国在 2015 年 12 月 1 日后开始实行《信息与文献参考文献著录规则》，根据上述"规则"，写作者在著录参考文献时，不得将未查阅过的文献资料转抄入自己的参考文献目录中，不得为增加引证率而将与相关论题不相干的文献列入参考文献目录。所列参考文献原则上一般不少于 8 条，书籍在前，期刊、报纸文章等在后。

（二）"本科学位论文"写作步骤

第一步，进行与论文选题相关的文献资料和案例材料的收集、整理工作。

论文正文写作的第一项内容（"引言"），一般是检验写作者研阅和掌握材料的宽广度，要求写作者必须运用高度概括的语言对所研究论题的国内外学术研究背景、现状等进行简明阐述。这就要求写作者在论文"初稿"开始写作之前，必须进行文献参考资料和案例材料的收集研阅、分析整理工作。这是论文"选题"的前提。

要求大致如下：首先，检索、查阅与论文选题相关的文献参考资料，尽量选择最近五年国内公开发表、出版的论文、论著（建议最好能收集到20篇以上学术论文、两本学术著作），并对这些文献资料进行认真研究、总结归纳，作为论文撰写的理论基础（建议写成"文献综述"）。其次，做好相关的社会调查工作，尽可能多地收集、整理论题支撑案例。相关文献参考资料的查阅应尽量全面、丰富；论题支撑案例的收集应尽量具体、翔实。

第二步，确定"选题"。

在收集和研阅大量文献参考资料，并且进行大量社会调查、采访等工作的情况下，经独立思索，确定大体的选题范围（可以多列几个以备挑选），考虑所选论题大的方向是否正确、是否有学术研究价值、是否有一定的实践意义等。要尽可能多了解和掌握国内外相关领域的前沿学术成果、国内学界前辈的看法和观点，以便于找到恰当的选题切入点。选题要大"视野"、小"切口"，尽量贴近自己的学术兴趣和学术特长。

第三步，撰写"开题报告"。

写作者根据既定"选题"，撰写"开题报告"。撰写"开题报告"主要要完成三方面的工作。

首先，要明确立题依据。立题依据主要指相关"选题"的国内外学术研究现状和研究意义。写作者要在尽可能多地收集相关文献资料进行认真研阅的前提下，比较全面地掌握了解相关选题的前沿学术研究信息（最好是近五年的），经过独立思考，对相关"选题"国内外的研究现状（即研究进展情况或选题背景）进行准确概括。同时，还要点明概括"选题"意义（包括选题原因、研究价值、创新点等）。文字表述要注意开门见山、言简意赅、条理清晰（包括不绕圈子、不进行现象描述、逻辑性强等）。

其次，要设计论文内容"提纲"和预期目标。论文内容"提纲"的设计要根据"选题"（外显为论文"题目"）来进行，论文内容"提纲"即未来论文的结构框架（一般罗列出二级或三级"标题"）。"提纲"中的各级标题（即各级分论点）要精心提炼，务必做到一议题一列、不交叉互容。预期目标即通过（所选）课题研究要达成的学术目标，目标制定要客观、务实（不求高远，确保能达成）。文字表述要注意明晰、条理、严谨。

最后，还要梳理清楚研究思路。研究思路的梳理一是概括总结课题研究思路走向（遵循发现了什么问题—提出了什么问题—解决了什么问题的逻辑论证顺序）；二是交代研究方法，比如文献研究法、案例分析法、市场（数据）调研法等。

另外，还要安排好论文写作进度，何时提交"开题报告"、何时提交论文"初稿"等，都要一清二楚，便于有序推展论文撰写过程。

第四步，撰写论文"初稿"。

第五步，修改定稿。

（三）"本科学位论文"写作修改注意事项

论文"初稿"完成后，还要进行修改完善的工作，以便最终定稿。修改本科学位论文写作过程中必须引起高度重视的问题。

论文修改应着重从以下几个方面进行：

一是检查正文内文，看中心论点和各分论点是否明确；结构布局是否完整、合理；论据是否翔实、充分；论证过程是否有理有据、理论联系实际（层次、段落是否匀称；各部分之间联系是否自然、紧密等）。

二是检查题目、摘要、关键词等，看是否贴切（包括英文摘要是否无误）。

三是检查整篇论文的语言，看是否准确、简洁、严谨（字、词、句、标点符号是否使用正确、规范等）。

四是检查文献参考资料、脚注，看引用是否妥当、格式是否符合要求等。

下面是一篇优秀"本科学位论文"的例子。

地方传统美食"曹州耿饼"品牌传播策略分析

广告学专业学生　徐喆

指导教师　王丽娟

摘要：地方传统美食"曹州耿饼"，有着鲁西南地区特色饮食文化底蕴，其品牌建设与传播路径也为菏泽地方产业振兴发提供了新的发展思路……

关键词：曹州耿饼；品牌推广；乡村振兴

（英文摘要：略）

引言：……地方传统美食要重视品牌建设作为鲁西南地区特色美食，有着浓厚的历史文化底蕴……

"曹州耿饼"的历史背景与发展现状……

"曹州耿饼"是由菏泽镜面柿经去果皮、日晒加工而成的一种柿饼，因菏泽古称曹州，而菏泽柿饼又以"出耿氏园者佳，曰耿饼"（清代光绪年间《菏泽县志》）……

"曹州耿饼"发展概况

以菏泽镜面柿果为原料加工成的"曹州耿饼"，风味独特，是一种内里软糯甘甜外自裹白霜的食品，类果脯而非果脯，因而又被称"霜果"……1972年以来，"曹州耿饼"多次在全国果品博览会上获金奖，1997年被山东省林业厅等部门评为"名特优果品奖"，是我国传统的出口食品……

"曹州耿饼"品牌传播优势……

"曹州耿饼"品牌传播策略分析……

"曹州耿饼"品牌传播面临的困境……

"曹州耿饼"品牌建设与发展创新路径……

结语："曹州耿饼"作为菏泽特色美食，历史悠久……需要地方政府和企业多方合作，充分挖掘、释放其自身的发展和传播优势，丰富其品牌化发展途径与战略……

参考文献

肖艳，张利群.区域品牌经济发展机制探究[J].社会科学战线,2017（9）.

以上为菏泽学院人文与新闻传播学院2017级广告学专业学生的一篇以菏泽特色美食"曹州耿饼"品牌传播策略为研究课题的本科学位论文（节选）。该论文选题以地方传统美食文化符号的开掘为突破口，有独特的社会实践价值和学术研究意义；文献参考资料收集较为丰富，各分论点小标题的提炼较为恰当；用于论证观点的案例材料翔实、可靠；论证过程较为条理；语言较为简洁、流畅、严谨；格式较为规范，算得上是一篇较为合格的本科学位论文。该论文的撰写过程前后共历时半年多的时间：从2020年10月份报"选题"到12月份提交"开题报告"（在开题环节，开题委员会的全体教师一致认为该同学的"选题"有特点、有新意。但文献参考资料的占有量和通过各种渠道掌握的案例材料不太够；论文内容框架的搭建也有很大可调整的空间：比如结构框架的设计不太合理、各级标题提炼不太到位等，建议她在指导教师的指导下做出整改，该同学皆虚心接受），再到 2021 年 3 月中旬提交"初稿"、5 月下旬提交最终定稿，前后进行了无数次结构调整、材料的增删补充、各级标题的提炼、语言文字锤炼等论文各个方面的修改，学生和指导教师都付出了相当多的心血。

本科学位论文的写作，对大学毕业生未来学业进阶起到一个学术奠基的作用，学生应该认真对待、指导教师应该严格把关。

下编

实践篇

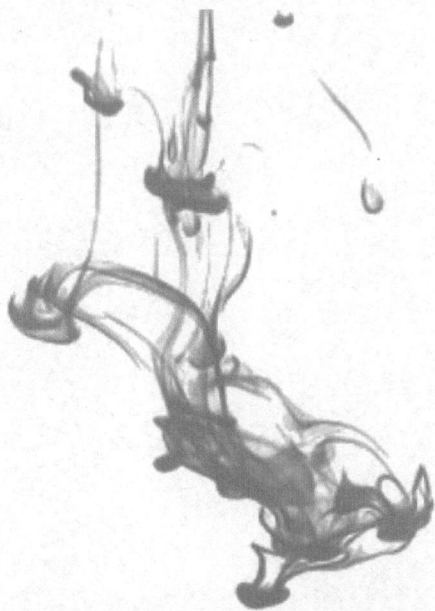

第六章　当代散文作家个案研究

一、刘亮程的梦幻"村庄"解析：以《一个人的村庄》《虚土》为例

刘亮程是 20 世纪末崛起的散文家，《一个人的村庄》是给他带来巨大声誉的也是他最广为人知的一本散文集，其中《今生今世的证据》《寒风吹彻》等 4 篇散文还入选不同版本的中学语文和大学语文教材。稍后的《虚土》等长篇，也属于刘亮程梦幻"村庄"系列题材的作品，一经问世便广受关注。

"《一个人的村庄》是一个人的无边白日梦"，那个无所事事游逛在乡村的闲人，就是作家在梦里找到的一个人物，而《虚土》"是我的另一场梦"。而作品中几乎与世隔绝、沙漠荒原中的孤村、旧屋、颓墙及牲灵，也因为刘亮程梦幻般的语言叙述而具有了生机与梦幻诗意。

（一）村庄"梦"的虚幻与本真

"黄沙梁"，是《一个人的村庄》的文学地理坐标。以第一人称出现在《一个人的村庄》里的"我"，精神内里带有作家自传的影子，但外壳却是一个无所事事的乡村闲人，"我"的全部学识，来自对"黄沙梁"这个村庄泥土、草木、四季变换风景的见识。闲人"我"在"黄沙梁"出生，花几十年岁月长大成人，荒凉与艰涩是这个小村庄能够给予"我"的唯一"读物"，但这样的读物却常常令"我"沮丧而目光"无处可栖"，所以"我"越过现实的荒凉与艰涩，构织"黄沙梁"的天籁和鸣。

在虚幻的西部荒村"黄沙梁"，单纯而丰饶的原始生命欲望和力量在这个得以自由展现。村庄里所有的一切都按自然的意志伸枝展叶，动物、植物、人，所有的生命在一种静止状态下慢慢消耗。村庄里满是多年前凝固不变的

陈年旧影，处处呈现是自然的原生面目。

刘亮程让"黄沙梁"村庄人畜同居共生的信息在日常生活的每一个细节、每一处地方散布。在"黄沙梁"，人被还原到动物的位置，不再是宇宙之主、万物之灵，所有的鸟兽、虫豸被放在和人同一地平线来对待，万事万物都得到应有的尊重：人走路踩起的尘土"落在牲口身上"，牲口蹄脚扬起的尘土也会"落在人身上"。人只是动物界的一种，是万千生命中的一种，平凡又普通，人与畜的命运总是连在一起的。作家可以借助村庄里任何人、任何畜物，以任何随意的方式和口吻，表达着万物共生共存的图景。"我"常常会以一种悠闲而非人的视角来打量这个村庄里的一切，"我"会因为一堆土、一棵树、半截土墙而收住脚步，用绳子把一棵长歪的树拉直同时把另一棵挺直的树故意拉歪；把一棵树上的麻雀赶到另一棵树上，把一条渠里的水引进另一条渠；或者把有坑的路面填平或者把平的路面挖出坑。"我"千方百计要给村庄里的所有符号都找出意义，并留下自己曾在这里驻足和做事的证据。

《虚土》延续的仍然是"一个人的村庄"情结，是刘亮程身上"生就的骨头长就的肉"。"虚土庄"依旧是一座村庄，建在茫茫的虚土梁上。出现在"虚土庄"里的"我"是一个五岁的孩子，一直隐匿于一个未醒的梦里，他怀疑自己是否出生，或者即便承认已经出生却拒绝长大，在他的眼中长大的只有别人。《虚土》是继《一个人的村庄》之后刘亮程的另一场梦。一个五岁的孩子觉得成人世界是一种无边无际的空茫，永远找不到自己。他怨恨、质疑母亲对自己的忽视：自己的存在是荒谬的，他猜测母亲对此相当清楚："是否有一个人已经过完我的一生""你让我流失在路上？"

"虚土庄"里人们的梦想、空茫感以及现实的缠绕，也毫发毕现暴露在一个五岁孩子的眼睛里。生活被一场一场的风吹得方向迷失，而村庄里常常空无一人，每个人的生活都无人证实，每个人都仿佛活在梦里。没有因，只有果，每个人、每件事都披着一层梦吃般的虚幻色彩自然天成。"每颗星星引领一个人"，"做着别人不知道的梦。"而拒绝长大的"我"，内心渴望永远留在五岁的童年，过自己土里的日子，"我没有见过我在太阳下的样子"，我们每个人都走在死亡的路上。"我"可能从来没有活到过中午，"那些太阳下的影子都是别人"。"我"的生活早已被别的一个不相干的人"过掉"，多余的"我"像废墟一样被弃置在荒野，永远留在了一个漫长的从未醒来的梦里。

《虚土》里每一个短篇都是一个完整的故事，而合起来又是一个整体的故事。作家完全是靠一种"气息"在笼罩、贯穿全篇，而照耀着五岁孩子梦境的是头顶无边的星光、月光。《虚土》中所有文字，都在努力使它所呈现的事物和故事停止，静止，它描述的是一个已经过去消失的、不需要流动的时代。

《一个人的村庄》是刘亮程用文学语言编织出来的北疆荒漠村庄之"梦"，"黄沙梁"是一场只属于他一个人的、浩大的"造梦"工程。《虚土》是作家对一个人的"村庄"的又一次精神关照。刘亮程用一篇篇"黄沙梁"的故事建造起了梦幻村庄的厚实"底座"，用"虚土"建造了朝上敞开、无限高远的村庄"屋脊"，"黄沙梁"和"虚土"的梦把"一个人的村庄"的天空高高顶起，也把北疆边地以前所未有的凝固姿态似真似幻地呈现在我们面前。

（二）"造梦者"灵魂的孤寂与精神回望

美国作家理查德•耶茨曾说："如果我的作品有什么主题的话，我想只有简单一个，人都是孤独的，没有人逃脱得了。"刘亮程的"黄沙梁"和"虚土"呓语也是属于他一个人的村庄的孤独宣言。他让"我"伤感又不情不愿地撕开了自身和外部世界关系的对峙：生存与死亡、永恒与短暂、自由与限制、劳作与荒芜。

尽管在"一个人的村庄"系列篇章中，"我"充分感受到宇宙万物一体，自然生命的整体关联与和谐，看淡日升日落、冬尽春来、人兽草木、生老病死，不断说着"死和活都是一番境界"，说着"其实人的一生也像一株庄稼，熟透了也就死了"之类豁达的话，但作为一个世俗生存层面的人，他还是慢慢发现人生在世有些事情远没有想象的那么容易过去：一个人死了，我们把他埋掉，在坟墓旁边继续"往下活"。但活着活着，就会觉得哪里出了问题：这条路是谁留下的？那件事是谁做过的？这句话谁曾说过，那个女人谁爱过。当然造化对于草木虫豸也是同样残酷：有些虫子朝生暮亡，生命短暂到仅有几个月或几天的存活，几乎还未来得及干什么事便"匆匆离去"。它们没有时间盖自己的房子，也不能像人类一样创造文化和艺术，它们的脊背窄小得连

"我"的名字都签不下，它们的"声音微弱得近乎虚无"。

作家让"我"驻守在几乎无人应和的"一个人的村庄"，领略浩瀚宇宙间无尽的空茫，无可逃遁的孤独感、虚无感以及焦虑感油然而生。"我"出于对黑夜的恐惧冬夜引燃大火，但即便是如此大的动静，随着火焰的熄灭，夜色笼罩着烧黑的荒野，"村子还是静静的，没有一个人醒来"，甚至没有惊动一条狗吠，一只鸡鸣叫，让他陷入了更深的孤独中。

作为生存个体，"我"欣慰于众生平等、庄子"齐物论"所谓模糊中心与边角"物我为一"的至境，但面对外部世界力量的强大与绵延不绝，反观自身却窥见生而为人之平凡、弱小与短暂。成群、连片、成堆的事物复杂交织在一起将人层层包裹，天地间连绵不绝的黑暗才是永恒。被孤独与焦虑情绪困扰、生活在自己一个人世界中的"我"，于是时常会把自己从外部环境中抽离出来进行单独审视："也许我的一辈子早就完了"，而自己还浑然不觉，做着早不该做的事情。日复一日地面对着自己一个人的孤独，他的内心充满寒冷与惶惑。

人今生存在的证据到底在哪里？生命的质感还剩下多少？人死亡以后会怎样？种种困惑既纠缠着文本中的"我"，也同时纠缠着现实生活中的作家本人。"我"忧心忡忡对过往的记忆发起诘问。这种诘问既面向外部世界，作家从自己的现实经验和感受出发，追寻着已经或正在消逝的生命痕迹；同时又指向内在灵魂的，是作家对生命存在理由的怀疑。这是一个觉醒者的孤独与悲哀，也是作家深沉而执着的真实生命的体验和对精神来路的追索。

于是，"黄沙梁""虚土"在作家笔下变得越来越虚化，刘亮程生命深处的不安和现实忧伤，让这里的一切变得更像一个浸透着现代焦虑感的寓言。村庄里的任何一株草、一棵树、一朵云、一只虫都成了"我"抵抗岁月、抵抗焦虑与不安的强大武器。他觉得村庄就像一艘大船在时光中漂浮，人若睡着，船舵便握在别人手里。舵手会像运输一根木头、一麻袋粮食一样把你贩运到另外的一个日子，这是多么黑暗又可怕的"航行"，人常常会身不由己地"来到一生中的一些日子"，而这些日子将"一天比一天远离你"。"我"知道这是渺小的人类对时间和命运无常的忧虑，而现实的生存困扰着每一个活着的人。

　　"村庄"的时间和空间随着作家的笔触时而无限延展，时而无限收缩静止。他知道每个人最后都是要独自面对"剩下的寂寞和恐惧"，无论你置身人群还是荒野。那是属于"他一个人的"，就像一只虫子、一株野草，孤单面对浩大群落中自己的一份欢乐和痛苦。他不停地寻找、搜罗"村庄"中所有永不会陈旧的东西，如同《追忆似水年华》的作者马塞尔·普鲁斯特最终找到了已然失去的时间一样，刘亮程也在梦乡中寻找到了自己所失的时间，并捕捉进自己的创作中。

　　刘亮程曾说，他的创作一直都是在为自己"寻找一条回去的道路"，回到哪里？回到那个只属于他一个人的用"梦"构筑的村庄，其实也就是回归自己精神的家园。《一个人的村庄》是对回归之路的"寻找"，《虚土》也是。

　　其实，"梦"村中的"我"，局外人一般看着所有事情发生、推展，春夏秋冬自由来去，远比"梦"外奔忙劳碌的刘亮程悠闲自在。作家八岁丧父，兄弟姊妹五个跟着寡母艰难度日，成年后他有不断改变生活的欲望与追求，但现实又往往与理想发生背离：种地、做镇村农机管理员，把故乡、村庄隐藏在身后，单枪匹马去外面的世界闯荡，但人近中年辛苦劳作却两手空空。他努力追求并力图让自己的家庭"兴旺和繁荣"，但荒芜感和失落感却紧紧包裹着他，并且深深地浸透在生活、灵魂之中。

　　弗洛伊德在他的"自传"中说：艺术家从一个他所不满意的现实中退缩下来，会"钻进他自己想象力造成的世界中"。刘亮程是把文学创作当成了想象避难所，用"梦"筑起了自己的想象王国"黄沙梁""虚土庄"。梦是我们不知道的另一种生活。梦乡也是作家已然离开但永远不会被遗忘的精神回眸之所。

　　所有的人都朝向一个叫"未来"的地方奔跑，那些跑在最前面的是繁华都市，而紧随其后的是大大小小城镇，再往后才是稀稀拉拉的"村庄"。置身于繁华城市中的刘亮程最终明白，无论在任何一个城市、任何一个地方走动或者居住、生活，那都不是自己，"我不会留下脚印"。快节奏、令人眼花缭乱的现代城市生活令他茫然无措。钢筋水泥的城市一天天在壮大、成长，但作家感到的却是自己的脆弱、苍白，喧嚣的城市，陌生的容颜，欲望的眼神，不同的方向……在没有月亮高悬的夜里，每当身心疲惫时，他便想起梦中质朴与几乎静止的"村庄",回归的欲望无可替代,因为"村庄"里有永远讲不完的故事,亘古不变永远召唤着自己的风影、野地、花朵和虫鸣鸟唱。

村庄、故土无疑是"一个人的羞涩处",同时也是"一个人最大的隐秘",梦中的"村庄"在刘亮程这里早已不是地理意义上的村庄,但它依然是作家精神的家园,置放灵魂的处所和归宿,虽然在现实中肉身渐行渐远,但目光和心却留在了"村庄",留在了精神的最后栖息地。

刘亮程向故园、"村庄"的回归不是逃避,而是在寻找通向生命本真的归途。梦境是连接刘亮程与故园、村庄的通道。受困于城市的作家能做的也只剩下"做我能做到的",在适当的时候给城市上点"牛粪",用文学的形式排解自己的困惑与压抑,守住自己精神的故园。

(三)"梦学"信仰与追求

刘亮程说文学即是"梦学",写作就是对生活中那些根本没有发生过的事情的"真切回忆"。在文学"梦"构筑的"黄沙梁""虚土庄",人类久违的自然生存在作家的笔底缓缓流淌。村庄以及村庄里的一切都按自然的意志伸枝展叶,房子被风吹旧,太阳将人和牲畜晒老,树和鸟会认人,村庄里万事万物都保持着自己慢慢悠悠的速度前行,自然生灵跟人相比活得更加本真。

作为文学"造梦者",刘亮程的情感丰富、细腻,描景状物裹挟着一种理想、素朴的诗意。他非常注意突出语言的形象感、节奏感,给人无限的艺术遐想。"我"发现一只虫子,以为它在"仰面朝天晒太阳",田野上的草星星点点的甚至有一半儿"还是种子埋藏着",春天的步调里"几乎所有生命都留了一手"。村庄里的牛、马、驴子等牲畜喜欢屁股对着太阳吃草,或者懒洋洋在太阳下缓慢移动,享受自然回暖后太阳普照身体的惬意……他将内心的敏锐感觉与对自然、生命的深切体验相融合,在舒缓稳健的语言节奏中显现。

刘亮程用一支梦幻的笔让村庄里的牛、马、驴、狗、虫鸟,还树木、花草、落叶等动植物都还原回它们本色和尊严,从而打通自己与万物平等对话的渠道,"情化"语言的温馨内质令比拟等修辞手法的运用得心应手。刘亮程写驴:人类播种的大忙季节,也正是驴发情的时节。两件事都绝顶重要,人使用驴,驴也正忙着自己传宗接代的大事。人不过是可以高高地在骑在马背上，替马看看路、拉拉缰绳而已，有时还会躬身"给它草、疏毛、修理蹄子"。现实中，马是被人类利用得最允分也控制得最彻底的动物，但是在马的眼里，驾驭它的人跟它驮运的其他东西没什么区别，或许只把人当成自己身上的某一器官。刘亮程的感情化、人性话语最终透露的还是人畜生而平等的和谐自然观念。

这是人对自然造化和力量的尊重，人应该懂得自身的渺小卑微，懂得敬畏。哪怕一只老鼠的哭泣或者一只鸟的伤心流泪，都会令人类的欢乐蒙上阴影。"我"甚至要谦恭地对待荒野上野花的盛开、闲草的随风摇摆，还要小心提防那些矮小貌陋的草木，不让它们从自己无精打采的行走中，看出"我"现实生活的不堪。带着作家体温、情感关照的文字描写令人感受作家的那颗超越现实之上的纯美诗心。

刘亮程描写"村庄"的语言闲适而灵动的，没有任何矫揉造作的痕迹："我"有时会想：做一头驴"也是不错的"事情，只要不会早早被人宰掉，拉拉磨吃吃草，"亢奋时叫几声"，平常的时候沉默，只想眼皮子前一点事儿，只要不懒，"一辈子也挨不了几鞭"。做一条小虫子也很惬意，在小村春去秋来的季节变换中，把自己短暂快乐的一生"蹦跶完"。而做一棵树呢，长在村前屋后的，"只要不开花"或长得挺直，便不会留下斧斫之痕。

在刘亮程看来，文学艺术就是"造梦术"，写作是无边无界、不可思议的修梦工程，作家干的就是"装订梦境"的活，用现实材料，修复残破的梦，作家百转千回地把现实带进梦境，又把梦境栩栩如生地带回现实。刘亮程说：他很早就懂得隐喻、夸张、倒叙、插叙、独白等这些文章写作技法。后来随着写作的慢慢深入，他恍然意识到，一些文学写作中常用的手法，其实在梦中随处使用，"做梦用的手法跟作文一模一样"。人们暂时遗落的梦、从未说出的梦或者不曾做过的梦，都能够通过作家的生花妙笔在文章中逐一彰显。

刘亮程的散文有一种原始的浪漫诗意充斥字里行间。刘亮程善于聆听大自然的天籁之音，破解生命存在最原初的密码，来唤醒我们心底久已遗忘的记忆。"天地与我共生，而万物与我为一"，他用一种自然温馨的生命态度看待笔下的梦幻世界，人类领受天地浩气的滋养，应该对所有生命都保持亲近，学会和自然物和谐相处。这是来自艺术家隐秘内心的生命的眼光和情感，超然、豁达、亲切，暗合了文学即是人生命本真自然流露的创作理想。

余秋雨在《艺术创作论》说：所谓艺术眼光，一不是历史眼光，二不是政治眼光，三不是道德眼光，它有感于生命的状态。拥有这种艺术眼光对一个作家、艺术家来说是必需的，在同质化写作的当下也是难能可贵的。刘亮程用充满着哲理与诗性的语言建构起自己梦中荒村，用一种自然素朴的生命态度看待整个世界，这种原始而又简单的视点引发的却是我们最丰富的感慨和联想。

广袤而贫瘠的异域土地培养了刘亮程自然而独特的内心情感，也给他的文字涂上了一层原始、丰沛的诗性色彩。如评论家林贤治所言："阳光充沛"，"令人想起高更笔下的塔希提岛。"刘亮程又被人称为乡村哲学家，他笔下梦幻、诗性的语言，同时也具有深刻的哲学之思。作家筑造的一场接一场"黄沙梁"梦境、一处接一处的文字隐喻，沾染到了"艺术"这朵人生鲜花的香味，作家内心的焦虑、困苦、忧伤纠结在一起的无尽孤寂，炮制出了向人类生命深处掘进的隐秘精神盛宴。

"艺术家知道如何去寻找那条回去的道路，而再度把握住现实。"是"梦"开启了刘亮程的文学之旅，筑建起了"黄沙梁""虚土村"的精神底座和屋脊，而他又用自己的生花妙笔教会现实中更多的人如何做文学之"梦"。刘亮程以及他笔下的梦幻"村庄"最终成为一种慰藉和一种审美依恋。

（说明：王丽娟同名论文"刘亮程的梦幻'村庄'解析——以《一个人的村庄》《虚土》为例"，原载《齐鲁师范学院学报》2018年第3期）

二、周晓枫散文分析：锋利的修辞

周晓枫是"散文家中的散文家"（张莉《赋古老文体以生机》）。她引导着新世纪散文写作的鲜活生机，她渴望穿越事物外表的层层迷雾直抵生存真相，她满怀好奇又有足够的耐心与沉静，去窥探世间所有的细小与不完美，人性的、物性的，繁复而锋利的文字，让我们一次次密集触碰到作家肉身的温度，并在更深的层面上与她尖锐的灵魂对话。

周晓枫又是最不像散文家的散文家。传统散文简笔勾勒、全知全能、重经验轻想象等等常规特性，在她那里屡受质疑，她在主流话语规整下的传统散文模式里横冲直撞，试图冲破重重障碍对规矩、定势进行破坏和改造。她是一个不按散文常理出牌、跨界越轨的作家。

"很少有人专事散文"，"我一直保持着这种被动的忠贞"（《有如候鸟·自序》）。周晓枫如是说，作为新世纪新散文运动主将的这份坚守令人赞赏，而近年她散文写作疆域方面的创新拓展，更令收获着读者和业内人士越来越多的关注，《巨鲸在歌唱》（2013）、《有如候鸟》（2017）等文集，都让我们领略到她极富标签性的周氏散文风格。

（一）文体与修辞的双重越轨

英国作家路易斯·卡罗尔借《爱丽丝梦游仙境》人物之口说："你必须全力奔跑，才能待在同样的地方。"周晓枫即是一个尽全力一路向前奔跑的散文家。她对那些僵化固化了几十年的日常感怀、心灵鸡汤式的所谓散文范本早有警觉。散文门槛低、人人能写、"凡人的自说自话"，似乎是大众的普泛认识，也造成了散文家地位一直以来的尴尬。周晓枫意识到传统积习和所谓散文写作铁律对散文重新崛起的限制，但知易行难，避开个人惯常的写作经验寻求突破或对既定模式进行破坏当然并非易事。即使没有外在模式的限制，自身"写作习惯也成了新的铁律，更为僵化和难以突破"。作家必须抱定足够的胆量和勇气，"尝试打破写作习惯里那些自以为是的'正确'，持续去'试错'"。令作家感到欣慰的是，新世纪走到今天，在新的文学样式层出不穷、读者阅读口味越来越刁蛮、评论家批评尺度也愈加包容的情形下中，像周晓枫这样有创新意识的散文作家、作品横空出世也许是正合时宜。

周晓枫说她至今没想透散文与小说的"界标"，还有散文文体的广阔边界到底该如何圈定。人们已经意识到有些不具备传统意义上散文清晰轮廓的散文，处于黑、白交集地带的"灰"色存在照样令人高山仰止到窒息或拍案叫绝到爱不释手，比如庄子"逍遥游""齐物论"之类汪洋恣肆、奇幻睿智的文章篇什。所以她想另辟蹊径，尝试对先人的散文规矩进行大胆的破坏，比如把诗歌元素、小说故事情节、影视剧元素等带入散文中，实现文体内部的翻转，我们也能从她善譬喻、对偶、意境的铺张扬厉中隐约看出中国传统"赋"的影子，比如寻求对偶效果（四字成语）等。特立独行的周晓枫，从散文的藩篱中突围出一个大缺口，闯进小说的领地，又大胆地翻越小说的高墙，踏进诗歌的城堡，她自言：写作需要像海螺一样"不断封闭自己曾经的腔室"，离开旧舍，重获新生。散文的边界在她眼中渐行渐远，她尝试以"寄居蟹"方式进行散文创作。掏空"小说的肉"，利用小说结实的"盾壳"来保护散文，从而探索更远的文体改革之路。"寄居蟹式"散文是她近年来旗帜鲜明的文体"跳轨"，《有如候鸟》中多篇散文就是这种文体理念的大胆实验和自觉断舍离的"跨界"。

《离歌》写作是用小说式笔法对散文结构做的一次实验性抽离、掏空，题材是她原先不擅长的烟火日常，以外省青年屠苏的死亡为线索牵扯出相关的种种细碎人、事，以及"我"对"最初领酒"又消失于喧哗众生中的少年一生剥洋葱般的立体探察和人性剖析，我们要随时接受作家突然抛出的意外和翻转，近五万字的篇幅几乎等同于一部中篇小说。《石头、剪子、布》写大千世界圆环状食物链：蚁、蚁蛉、蜘蛛……人，后半部分入室杀人的段落，也属于小说笔法。我们仿佛置身作者设置的游戏迷宫，逼真、阴冷的情节带入令我们几度屏住呼吸紧张追索。而同名散文《有如候鸟》有两万多字，时空、心理维度开阔都非常大，是作家本人非常看重的一篇。其中水面之上显性的文字部分更像散文，是周晓枫的擅长：地域变换、飞鸟走兽的迁徙引发对人身上动物性、动物身上人性的关注，而水面之下的隐藏部分更像小说：作家和读者一起旁观"她"的成长，一个女孩克服羞耻和痛楚无限向上的自我救赎。周晓枫说她在尝试增强散文的"消化能力"，让散文不仅"散发抒情的气息"，而且还可以"用叙事的牙"把故事嚼碎，然后"吃进肚子里"（周晓枫《有如候鸟·自序》）。

周晓枫这种自觉的文体"越轨"，虽然表面上看并不合乎散文的规格和标准尺寸，但摆脱了流水线生产的尴尬和审美疲劳。这是周晓枫对自身写作极限和散文写作难度的一次挑战，也是对读者阅读耐心和接受水准的一种考验。多年前，评论家李敬泽在冯牧文学奖授奖词中评价周晓枫的散文"冰清玉洁"，正是这种唯美的评价引起她高度的警惕，也促使她开始尝试偏离开自己习以为常的写作轨道，只凭借"头脑里的磁极"，凭借没有什么道理的"天然直感"重新出发，探索散文写作新的可能。"放弃选材上的洁癖，保存叶子上的泥。"她想寻找到散文这个古老文体新的活力和写作生长点，"逃脱被复制的命运"，这与其说是另一种意义上的"越轨"，毋宁说是一个技艺娴熟的散文家放下单一化、模式化的"退休老干部式"的所谓经典腔调向原创性的一种回归。

（二）经验与想象联袂的繁复修辞

周晓枫是一个勇于向写作成规和定式开刀的有责任感的作家，是一直在寻找自己语言出口的先锋散文家。比如，她平时会选择使用词汇量少、几乎没什么联想能力的输入法打字，以降低自动记忆储备对自身写作的扰乱，逼着自己用笨力气一个字一个字去拼缀文章，她逼着自己放缓写作速度和文章产量。她还在写作过程中有意破坏自己的叙述习惯，"尽量保留一些泥沙俱下的东西，一些粗颗粒的质感"：对事物做出果断的修辞"形容"，不计后果；句式去避"熟悉"而趋向"陌生"；让通常被认为舒服的叙述出现失衡。周晓枫也把自己想象成《罗兰·巴特自述》中理想而自由作家的样子：迷失在一处满是镜子的长廊，哪里不见了自己的形象，哪里就是世界的出口。

"工笔、巴洛克、浓墨重彩"是周晓枫文字的标签，她有着修辞的严格自律和驾驭"美好而无妨害"修辞的能力。因为自身的阅读亲近西方文学，她崇尚巴洛克式的修辞，嗜好密集而浓烈的文字风格，华丽繁复、汹涌绵密的词语，九曲迂回、盘旋缭绕的句式，似乎每个细微处都要打磨到闪光发亮才算"解气"、才算倾尽衷肠。周晓枫从不掩饰自己对修辞的热爱和对形容词的赞美，她对奉简约为上的散文传统颇不以为然。简洁而有效地使用动词，尽量减少对形容词和副词的依赖通常被认为是写作成功的法宝，但周晓枫却说"唯简是尊，未必就是铁律"，写意有写意的好处，工笔有工笔的妙处。她认为形容词可以导向"精确"，是对常规化、平庸化、简单粗糙化表达的一种

"纠正"。好的修辞是个人化的标记方式，代表着一种独立的写作态度。

她能在一只海螺里用繁密的铺排破译天、地、人、神的密码：融合感性与理性兼具的螺线设计，散落在宇宙的角角落落……从涡旋状星云到漏斗型飓风，从坚硬而对称的羊角到攀缘向上的植物触丝，甚至巴特农神殿的立柱，人类隐曲蜿蜒的耳蜗。她的想象力精骛八荒、翱翔万仞，她可以通过回环往复的文字写意泼墨，让我们听到鲸鱼的歌唱、继而听到整个海洋的呼吸：是怎样"狂野愤怒的自由"，令这样的庞然大物可以"风浪无阻、万里迁徙？"是怎样难以遏止的激情，令巨鲸可以克服自重，"高高越离水面，悬空翻跃？"又是怎样的一颗深藏柔情的心脏，令巨鲸"震动深沉的歌喉？"（《巨鲸歌唱》）

她也开掘了月亮上的环形山，把美丑两极放在一起："它们拥有戒环般完美的弧度，仿佛执守着亘古的承诺。其实换个角度，环形山的又一个说法叫月坑"，"它的形状接近巨浪挖蚀出的洞痕，本身并不存在着美，只是苍凉"，如同竹车上画画那张极致的面孔（《月亮上的环形山》）。

周晓枫对大千世界始终怀有一颗柔软、热情又探险不休的心，永远抱着"好奇的、尊重的"甚至是敬畏的心，去面对陌生的世界。这使她的想象力丰富又饱蘸激情，正如李敬泽所言，"周晓枫的语言是最好的书面语，水晶钻石，自带魔性"。周晓枫的文字深情、绵密，缠绕着曲折、幽迷、暧昧的气息，层叠繁复又精准犀利。人和动物生老病死、七情六欲都能在笔下找到踪迹。他们犹如辽阔天地间辗转迁徙的候鸟，一往无前又沉默如谜。那些平日里我们根本不感兴趣的小动物，如海马、壁虎、蜥蜴、蜻蜓、蜜蜂、海鸥、蝴蝶……每一种动物都有灵性、每一种动物都启迪着作家的心智。

《禽兽》一文中，一只停在草叶上的蜻蜓令她大加感动，只因这蜻蜓像一枚"盛夏的胸针"，是精湛、轻盈的金属才能打造出来的首饰，更像"幻境中的精灵"，镀满梦想、诗意与唯美之光，却恐怖地死于蚁群围掠，"像满头蛇发的美杜莎"；蜜蜂总是让她浮想联翩，流星飞过，她想象是出工或归巢的工蜂，或者夜空"像一朵巨大的花"，是低垂金色吸引蜜蜂的"葵盘"，她想象星空是嗡嗡作响、的"迷路蜂群"，蜜蜂"慌张振翅"的声音人类却称之为"天籁"。工蜂一生只有短短 6 周，却殚精竭虑地四处寻找蜜源，令她感动：眼前的舞蹈是否将"成为它们的遗言？"海马的形体，让她想起"3或7的阿拉伯数字"，或是反"S形"，"有点奇异的拉丁感"，或者是"是从扑克牌上掉下的'J'？"无论如何，海马具有"难以概括的异域风情"，这又让她想起人类大脑隐匿的海马沟，依靠尾部脆弱小卷钩，"才能记忆且自我定位"，让人不至于卷入"辽阔到虚无的黑暗汪洋"。

周晓枫，携带着指南针的探险家，要带着我们穿越重重雾障才允许走出她语言的森林，循环往复，熙暖牵绊着黑暗，经验与想象相偕，华丽裘袍忍耐也因蚤虱的入侵而感痛楚，而我们最终在她低回幽迷的文字中，同时嗅出了心理咨询师的温暖沉静和犀利尖锐。她是手拿"修辞钥匙"的文字圣手，眼看着她"金属上的独特缺刻在锁孔里旋转"，随后秘境里透射出耀眼的辞采光芒。

（三）肉身与灵魂纠缠的思维内核

周晓枫善于向人意识深层、灵魂深处掘进，善于把脉人性最柔弱、迷离、阴冷、晦暗、虚伪、丑陋处的律动。她手中之笔犹如冰凿，凿穿生活表层坚冰与幻象，无限逼近世界的真相，经验和实验、叩诊和探查，经由作家近身观察、神奇之眼打量过的世界，幻象丛生又冷峻可信。斯德哥尔摩症候下的沉默女人、深受阿尔茨海默病侵扰的老人，生活中节节败退的中年人，备受情感暴力困扰的女人……她的文字使我们得以看清身外世界，也警示着我们观照自身。人性困境有如蛛网，那里薄如羽翼、不堪一击，但那里的回声却刺破天际，一切尘埃落定后，谎言、悖论、恐惧令人不寒而栗，而伴随戳穿、损毁、颠覆而来的是超脱、是重获新生。

散文写作意到笔随，不拘一格，寸牍片纸，足以显示宇宙的广袤悠邈，造物的神秘，熔冶感性的浓密，思想的温度和深度。在《剪刀、石头、布》中，她用深邃绵密的文字托起弱肉强食的冷酷自然界，也解析着人类童年游戏的暗光摇曳，"就像同样的一个人包含了天使、魔鬼以及匿名者的多重身份。既天真又野蛮……随时可以变成另一类语言，另一种表情，另一副面孔，另一个叛徒"。细密摆荡的语言与抵达内核的真相奇异地纠缠在一起，撩拨着我们感觉最敏锐处。《布偶猫》中对"斯德哥尔摩症候者"的繁密茧剥，体贴入微又凶狠到冷酷无情："男女之间，关系微妙，难以进行非黑即白的判断。""以给予的方式剥夺对方，就像鸟想把天空交给尾鳍，鱼想把海洋交给翅膀，最终死于彼此的慷慨。"

《有如候鸟》悠长又丰满的迁徙之旅仿佛为我们铺开了一条"在云端，在大地上，在海洋里"古老而壮阔的动物禽鸟朝圣路，自然生灵们年复一年历劫、虔诚却从不退缩。《有如候鸟》中不少的篇幅落笔于壮丽奔突的自然迁徙，斑头雁、黑雨燕、大桦斑蝶、鹬鸟、信天翁为了在天空持续飞翔可以忍受自戕。鲑鱼"为寻找童年铺满砂粒的河床"，千难万险洄游甚至得不到腐烂中静悄悄的死。角马决绝跃下马拉河只为完成慷慨而隆重的祭献。座头鲸"要从温暖的出生水域，滑动桨叶般的鳍肢，前往寒冷的阿拉斯加"。无论诱惑还是灾难，处处有阻隔。九曲回环的繁密修辞慢慢展开大自然的血腥和暴力美学。而被往昔牢牢粘住身影的"她"也在不停歇的跋涉中终于明白：如果你有鸟的翅膀，就不怕停在悬崖；"只有抵达终点折返，才有机会体会浅尝辄止的悔意"……裹挟着沉静生命体验和博物志的语言冲击，让我们按常规轨道运行的阅读期待一次次落空，也一次次激起更大的阅读兴趣。而最终我们拨开层层迷障窥，见到的是作家对孤寂灵魂沉潜而悠长的深深叩问。

周晓枫的许多文字都涉及女性真实的成长、疲倦，爱和痛感，经血、情欲、生育、衰老、疾病无可避免。但她笔下的所谓真实打破了单向度的直射与炽白，需要作为阅读者我们想象力、创造力的持续跟进才能发酵。修辞技法是作家的语言使用习惯，而对作家修辞技法的关注也会拓展读者的语言认识边界。

她的叙述和思考视角也是过去与当下混搭的双反聚焦，一切都是作家未经掩饰的个人触觉，带着个人的眼睛、耳朵、毛发、嘴唇，让我们分不清真"我"和假"我"，虚构和真相。"时隔二十年"，"我才悟到"，"那是真正的告别之夜"（《离歌》）；瞬间，"年龄从十岁到四十岁"，"中间的沟壑足够容纳余姐姐的羞耻"（《盛年》）；这种语言既是现在进行时又包容着过去完成时。《齿痕》写作家不惑之年牙齿正畸的痛苦经历，不是顾影自怜，一颗坏牙引发的多米诺骨牌效应洞穿的是生命之痛，反身回看来路"歧途的入口是否最像天堂？"

携带痛楚的自己是否"对痛苦似乎有着某种潜在需求"？微妙的"习焉不察的自虐"是否存在于人性的灰色地带？一切并非来自他人的辜负与谋害，是否源于"我"的"怨意、好奇、轻信"或是"盲目、草率、畏惧"，是否为"自身丛生的弱点所致"？作家用一次又一次的自伤，来提高身体的疼痛阈值。在明与暗、虚与实的语言暧昧中，在一次次痛与失、悲与慈的挣扎中，作家招引着我们悬空、凝眸复杂的人性深渊，而我们的心也上上下下如坐过山车一般，时刻准备着承受突如其来、无从躲避的更大的翻转和刺激。

文字虽小道，却是探察内心的窗口，唯有诚实运笔，敢于"表现自身的混沌"，我们才可以把脆弱"转换成直面真相的果敢"（《有如候鸟·后记》），也唯有敢于表达自我的混沌、直面真相，作家的颠覆和追求才有力量。

三、现实的困顿与精神的还乡：耿立乡土散文研究

鲁西南作家耿立的散文创作一直都是历史文化与乡土掘进中并世而立。目前文坛更多关注的是他历史文化散文一翼，而他交织着苍黄与血色、诗意与思想的乡土表述的散文，是其三十年一贯的创作。耿立擅长以故乡的泥土、草木、人物为切入，表达深挚的个体情感经验，表达乡土、大地的精神牵扯。《藏在草间》《一头来自异乡的驴子》《致不孝之子》《向泥土敬礼》《匍匐在土》等，都是近年来耿立乡土散文中的名作佳构。

耿立散文中沉潜着的厚重土气，镌刻着曹濮大地的醒目印记，无论是感人述怀，还是风物摹化。"土性"是其叙事文本的徽章，也是其散文精神所在。

（一）"土性"是耿立散文叙事文本的标志

曹濮平原位于黄河下游济水流域，古时主要指曹州、濮州诸地，这里是中华文明发祥的摇篮。华夏远祖伏羲、炎帝、黄帝、尧、舜、禹、汤都曾长期驰骋在这片古老大地上。曹濮先民们世世代代生存在坚实的平壤之上，依"土"而生，日出而作，日入而息，不辞辛劳，同时也赋予这块土地上的人事、风物以某种坚韧的文化隐喻。

2500年前已具备相当文明积淀的曹濮先民们，已拥有了自己的田野民歌，

由周代采诗官汇集成《诗经》"十五国风"中"曹风"，正是先民们淳朴的歌吟。这里也是战国时期庄子隐居（濮水）垂钓、汉末鄄城王曹植《洛神赋》写作之地。

我们能够在耿立的乡土散文文本中，深切地感受到这种植根于深幽黄壤的文化底蕴，大气、厚重、坚韧、血性。这种文化沉积就像潜存在于耿立身躯里的血液一样，裹挟着平原古朴的黄壤气息和滋味，随势赋形凝采笔端，自然勃郁不可遏制。

1. 土性精神溯源

中国人自古对"土"有一种神秘的景仰。"盘古开天地""女娲抟土造人"是我们汉民族最古老的土性神话传说。东汉应劭《风俗通义》记："天地开辟，未有人民，女娲抟黄土作人。"人来自泥土，人与泥土、大地同源，土是人类生存最根本的依附之物。对皇天后土的集体崇尚也是几千年绵延不息的。

重迁安土也是我们这个古老农耕民族的深层文化心理积淀，"安土"观念也是儒家的乡土之教，"土"事关人的安身立命处世应变。孟子云："诸侯之三宝：土地、人民、政事。"（《孟子·尽心下》）荀子也说，无土则"人不安居"，无人则"土不守"（《荀子·致仕》）。费孝通也在《乡土中国》中把中国社会看成是乡土性的，他说，"从基层上看去，中国社会是乡土性的"。

我们的先人把土看成是世界最基本的构成元素，认为一切都是五行相生相克的产物，把土看得比什么都珍贵。常言道：皇天后土，历代的统治者不辞辛劳到泰山封禅，恭敬虔诚在天坛和地坛礼奉神明，因为他们知道，失去了土，就失去了权力、失去了一切。

因此我们说，"土性"是我们民族血液里最古老、最不可动摇的一种精神形式，民族文化心理素质的根本。而"土"的意象，也就成为我们这个民族文化中表现自然风物最重要、最不可或缺的母体意象。

在曹濮平原深处，有古朴的风俗，人出门在外，父母怕水土不服，会嘱咐随身带一瓶家乡的黄土，背井离乡的人得了思乡病也会把这种原乡土掺着水喝下肚去。这应该是曹濮先民的原始巫术遗存，如今在一些偏僻的农村，还会用抓土这种带有巫术性质的方法为受到惊吓夜哭的孩子找"魂"。土是人类生存的起点，也是赖以维系生命旅途、肉身魂灵的支撑之物。

耿立散文创作向来提倡精神含量，历史追怀的"品性和血性"，乡土回望的"诗性与土性"。中国文人向来喜欢寻找一种依托，或者在人格上，或者在心灵上、情感上，这种依托与文人的创作追求有关，更与民族文化、地域文化的基因传承有关。曹濮大地即是作家耿立审视与表现人情世事的厚重依托。

曹濮平原深处的乡村是藏在泥土、青草间的，是耿立生于斯长于斯的地方，也是人生羁旅渐行渐远后的精神还乡之所：泥土就如一令席子，植物、动物与人都或蹲或踞或躺或卧"在这令席子上"（《向泥土敬礼》）。

2. 土性世界的风情与物事

耿立散文承传了曹濮大地涌动不息的古老、坚韧的"土性"意志，也卓有成效地通过叙事文本建立起了一个属于自己的"土性"世界——木镇，并精心营构着自己独一无二无的故乡、故土意象：藏在草间的乡村、高过乡村的光、被删减了浓度的黑夜、美学格子里的节气、日渐沉沦的故乡。"除写下那片土地，我也写了一些这泥土让如花朵一样人物"，如匍匐在土的父亲、母亲的不孝之子、远来先生、义士哑孩。耿立说："生于这个土地，为这个土地而死于这个土地，这就是对这土地的最好的报答。"

在耿立编织的"木镇"世界，所有的人物、植物、动物都应该是和平相处的，作家甚至为这个世界制定了"木镇邻里乡约"：无论植物动物人物，"无论姓张的人姓李的人，无论姓杨的树姓李的树，还是姓白的羊姓乌的猪，都在这片泥土上平等"；大的动物、人物如果见到蚂蚁"脚板要后移五厘米"；若是下雨，植物要肯把枝条借给蚂蚁"作舟楫"，过节时要"互相问好拜访""长幼有序"、知道"尊老爱幼"（《向泥土敬礼》）。

这种天人合一、其乐融融的画面是诗意的，也是最贴合原始"土性"世界标准的、最具温度的理想彼岸：这里的人们时间概念很简单，天亮了，就起床干活；天黑了，就睡觉，如若睡不着，男人就点烟把夜燃个洞，接着会像风一样干咳在房檐屋下。一时间卧在门外的狗以为有了动静，也跟着猖猖而作，在胡同里声如远豹，让人心疑是否走回到古代的乡间。一派天籁。

乡村是泥土雕刻出来的。泥土是我们民族的寄命所在，也是文人耿立的精神回望之所。乡村也是藏在草间的，没有草的乡村算不得乡村："一踏到木镇的泥土"，鼻翼里的味道就是草的味儿（《藏在草间》）。

还有那黄壤之上春天毛茸茸的杨叭狗子，被父亲用油石磨得寒光冷凛的镰刀，女人手中风情翻飞的擀面杖，乡村教师白蜡条子编制的火罩，那头眷念旧主一次次挣脱羁绊重返主人身边的驴子……无一不牵动着作家思乡的心绪。

但这个"土性"世界也是缀满伤痛的。耿立生于20世纪60年代，他的出生给母亲和父亲添了希望，也因为这个活口而屈辱，这屈辱像"胎痣"烙在了他的心灵，母亲坐月子"没有红糖没有鸡蛋"，"想喝一碗小米饭而不得"（《致不孝之子》）。懦弱、不善言辞的父亲向乡里当权者求告无门，还被逼屈辱下跪，并差一点投机井自杀殒命。生命起点的凄怆给作家带来的是强大灵魂之下半生肉体的瘦弱、时常的病痛缠身。还有而立之年后故乡至亲的不孝与贪婪算计……

也许正因如此，自黄壤深处走出的耿立，才会在回望乡土时，对它的丰厚和卑微，封闭与保守看得更真切。笔下的文字才会有歌赞，更有泪水和鞭痕。因为有反思有批判，耿立构建起的这个带着苍黄与独特韵味的"土性"世界，也才会是接通地气精神勃郁，真实可信的。

3.土性精神分析

我们汉民族有着黄土一样的肤色，也是面朝黄土背朝天在土里刨食的民族。就如《藏在草间》中父亲所言："这地就是一个根，空闲的时候到地里走一走，听听庄稼的拔节，即使不干活，蹲在地头弯腰拽几把草"，也是心里踏实的。

无论怎样，我们也改变不了乡村是泥土做的，泥土才是乡村的娘家。泥土是乡村的子宫和褓褓，也是民族的子宫和褓褓，所有的乡村都离不开泥土、水的滋养。耿立说："我们无法还原第一个乡村的模样，也许是谁把一根挂着的木棍子随手一插，那上面就有了萌动的枝叶。"那"木棍"是插在泥土里的，乡村是建在泥土之上的，草与庄稼也是依附于泥土而生长的，城市的水泥地和柏油路面是种不出庄稼来的。"我知道现在有一种蔬菜是无土栽培，对那些无土而生的花或者触须，我心里总有一种拒斥。"

无土变异的庄稼与花朵是现代科技文明发展的产物，可以在钢筋水泥的城市阳台上苟延残喘，却远离了乡村的传说，与泥土之上的乡村无任何牵连。

从古朴、厚实的曹濮文化中汲取韧性人格和硬气精神的耿立，身上沉潜着原生的"土性"基因，决定了他的生活习惯、思维方式等等一切的一切也都有着曹濮大地的丰沛土气。虽客居粤地多年，但至今耿立仍不适应南方大米、海鲜的清淡餐食，念念不忘的还是北方黄壤养人养胃的小米和馒头。笔下惆怅述情、沉吟铺辞也必始乎"土"，且是故乡之"土"。

离开黄壤的耿立曾记下父母在世时的一个细节：从地里回来的父亲脸上有一块泥巴，母亲看到想用手抠下，"父亲招呼了一下说不用了"，是见儿子在旁边守着，父亲羞涩了吧，泥土在父亲脸上"是土地的徽章吗？"（《向泥土敬礼》）

泥土粘在父亲脸上，被作家看作是大地对一辈子老邻居的褒奖徽章，泥土是布满父辈祖辈血汗、泪水、情感的负载物，它是最淳朴的，也最宽厚的。它值得我们的尊重和敬礼。

耿立说，他更关注的是一个个具体的生命和那些生命里的精神，那些过往的人与事对今天的启迪和召唤。故乡是一个人的血地，即便离开了那空间那地址，也忘不掉那里蒸腾的气场，更忘不掉故乡的泥土，你儿时放摇篮之处，"便是你死后最好的葬身之所"（郁达夫《还乡后记》）。所以作家也才会拿起手中的笔让渗透进血液、脉搏的土气息、泥滋味，和着哭、笑、血、泪蓬勃迸发出来，也就有了作家一册册土性签章的文集《蟋蟀入我床下》《见证与信的文字》等。

（二）对乡村伦理与文体的双重冒犯

1. 不驯服的灵魂

耿立是属于乡土的，但他也一直在试图逃离。古老曹濮大地文化土壤的丰沃，滋养了耿立骨子里的自然乡土情结。但幼年家境的贫寒困顿，以及周围人的白眼，又让耿立覆罩在残酷的生存的阴影里，"心灵自小受到擦伤"。我们从他文字中能看得出他对故土大地爱得深挚又热烈：无论是乡间漫坡遍野草的素朴，还是吹歪草尖、麦穗的风的姿态，乡村暗夜黑与亮的本然谐和……看似信手拈来般的文字，让我们感觉到作家对自然乡野深绵的敬拜。但是平原大地上痴呆线条的缓坡堤岸，浑圆的土堆豆垛，以及夕照中犁铧与牲灵的相互拖拽，又总会使作家"感到生活的危险陈旧"，产生想"奔突出去内心的忧郁"。

"这片地方水土硬"，古代多响马，在这个"使狠拼命""命不值钱"的地方，自小身体多病多疾的耿立，也只能把心力聚焦于内在情感的沉潜和精神世界的修为上。对阅读的痴迷可以抵抗世情的冷漠，获得心灵的安然。少年时代的耿立，千方百计搜寻散在民间的各样书来读，还曾沉醉临摹借到手的古典小说的绣像插图，甚至斗胆骗母亲钱，在供销社买下四卷册的《约翰·克里斯多夫》。古今中外大量经典名著疯癫般地抄录，更成了青年耿立对抗现实失望、焦虑的最好工具，"这锻炼了我，也养成了我"。从书中他认识到爱、尊严、自由与平等对人之为人的难能可贵，它们是人类发展不可或缺的元素，并且与自然乡野伦理并行不悖，一经伏案于文字，自己仍觉得"苍山如海，残阳如血"（《文学履历》）。是文学拯救了他，使他踏上了写作这条灵魂自救的不归路。他不会再如父辈样憋屈地终老乡土，做一个卑微的被损毁者。

耿立20岁孤身一人离开平原深处到鲁西南小城，求学、毕业留校、教书、写作，然后又在近天命之年毅然放弃所有的安稳去到岭南，重新起航。他瘦弱的躯体里一直住着的是一个不驯服的灵魂，令他不停地反思、否定、疼痛。

作家写到老家迟滞的黄牛，我看不出"牛的冷暖悲戚"，壮硕的生命竟成了人类俯瞰的一种驯顺牲灵：它平和却销蚀着人类，直到你也像它们一样匍匐在地。

牛的终极与归宿就是轭套和犁杖吗？更进一步说，在它们撒手人寰之后还要以"诱人的形象端上人类的盛宴"吗？作家在写牛，也是对故乡懦弱、屈辱命运的悲悯与反思。耿立渴望或幻想看到曹濮平原上沸漾着精神、鼓荡着生命伟力的牛群的奔突：从无数沟坡、村口涌出，"像流水奔泻在平原的霞色中"，它们呼唤照应着，小群聚成大群，大群在奔泄中壮大，成为一片"纷乱而快速移动的红幕布"（《宰了他，狗日的》）。力量未被驯服的牲灵一跃而起的画面振聋发聩，这难道不是作家自己不驯服的灵魂在歌唱吗？我们要俯下身子注意聆听土壤、河流、草木的沉实表述，要对哪怕最卑微生命如蝼蚁、树叶、残枝表示尊重，因为所有有幸来世上走一遭的生物都是有灵光和性致的。

美国文艺理论家约瑟夫·布罗茨基说：人首先是"美学的生物"，其次才是"伦理学上的生物"（《悲伤与理智》）。耿立走出了地理、物理的故乡，却永远走不出精神、心灵的故乡，那个令他感到疼痛的故乡。文学是更古老、更恒久的东西，疼痛使人知觉到故乡的存在，"故乡以另一种方式"呼唤着离乡的游子。不驯服的灵魂即便到了岭南，也依然在唱着属于故乡的歌谣，毕竟耿立骨子里就是一个地地道道鲁西南土生土长的汉子，故乡有父母的骨殖深埋，故乡有童年、少年以至半生的记忆在。《匍匐在土》《死是死的证明》《精神通道》都是客居粤地几年耿立发表的乡土散文力作。

2. 乡村伦理（亲情）的沉重

乡村伦理是乡土文学绕不过去的一个话题。它有着深厚的民族心理语境，在乡村、乡土的肌体纹理中酝酿、积淀，然后在充斥着青草与牛粪味儿的乡野空气里弥漫。但因了农耕文明素朴外表掩盖下懒惰、贪婪、冷酷等劣根性的侵蚀、挤压，传统的乡村伦理观念已经发生了某种程度上的扭曲变形，甚至变成了觉醒者沉重不堪的精神负累。作为乡土风物的表述者，耿立是警觉敏锐的，也是忠于真与实的，他敢于将乡村伦理，主要是血缘亲情不堪的一面撕裂给世人看，使得他笔下的乡土文字看起来与众不同，也更富有精神批判的价值。这在现当代乡土亲情写作中是难得一见的。

朱自清的《背影》常常被看作现代文学史上写父爱亲情无法超越的经典，但车站送别留下令人泪目"背影"背后，作家与父亲关系剑拔弩张的紧张关系却是不显于笔底文字。父亲大半生为官得意、暴怒无常，抛弃他与母亲另立家室，为儿子订的亲家却嫌弃儿媳逼儿子离婚，冒领儿子工资等等真实家事，朱自清只是以隐忍的"他待我渐渐不同往日"一句点到为止，并且最终用"最近两年不见，他终于忘却我的不好"高度浓缩，将所有父子纠葛云淡风轻地化解掉。父子二人之间到底发生了什么？作家不写，读者当然也只能被挡在真实之外。家丑不可外扬、为尊者讳，这大概也是朱自清以及很多作家写真情的顾虑。

很多作家写到自己与暮年父母相处情景时，往往都是将自己如何克服种种困难，放下手头工作陪伴暮年父母的温馨场面用笔浓墨重彩描写，但对自己的负疚心理却极力掩饰。但耿立写乡村至亲的文字却是直面血淋淋的现实，他的伦理亲情反思之文《致不孝之子》读来令人震撼：他的哥哥、姐姐每家轮流"养母亲四个月"，对母亲的照顾他觉得不算周到，但当母亲在自己家住时，"我也只是满足母亲的温饱"，"而精神呢？""我"其实也只是"把母亲成了一个需要供养的老人"，用钱和衣食打发罢了，自己也没注意过"母亲的叹息、母亲的忧郁"。

这是自我反思与批判，也是真诚的忏悔。"在母亲进入老境的时候，我却匆匆奔赴在灯酒场所"，作家为自己怠慢了乡间苦难一生的母亲而感到内疚。年迈的母亲身体日渐衰弱，她需要的不是儿女的腾达，平安、孝、不伤害，已经足够。但连这些最基本的亲情伦理在乡村老家也已经丧失。

耿立尖锐地写到兄长把母亲当作摇钱树使唤的细节：大哥年关把母亲接走，当发现母亲没有从兄弟家里带来钱时，"竟让别人替母亲拨通我的电话"，"我知道，电话的那边"母亲在遭罪，过年回老家见母亲"额头有伤"，邻居说是"某人打的"。还有姐姐的作为也同样令人不齿，母亲在姐姐家住时，姐姐怕母亲半夜敲门影响自己睡觉，就将母亲住的屋门从外面用门吊挂住，母亲"把那门吊都扭断了"，还让母亲"装病"，跟自己的弟弟要钱。在兄姊看来，在大学教书的自己，常常出现在家乡电视和报纸上的自己，是很有些钱的，而自己的兄姊把母亲当成摇钱树，似乎敲击一下母亲，"我这里就会淌出眼泪和金钱"。

也许是土地的苦寒，使人的本性都扭曲了，扭曲到凶残，对自己年迈无缚鸡之力的父母也不放弃榨取。"血缘是代表不了什么的"，伦理道德沦丧到此种不顾廉耻的地步，人也就变成怪物，作家宁愿"不要这血缘"。

还有《匍匐在土》，写暮年父亲的寂寞与对酒的沉溺："你和母亲关系不好"，而哥哥、姐姐"也只是利用你"。兄姊他们在集镇打面没带钱，或赊人家的酒、羊肉等，"你就会拿出钱，替他们还账"。他还写到母亲一生对父亲的敌意，母亲一生"最大的心结"，是认为父亲外面有相好的女人。母亲与父亲争吵了一辈子都没有和解，常会骂骂咧咧，大打出手。"那种怨恨，我久思不得其解"，可他们仍然一起过着"野草蒺藜般的寻常日子"。乡间的冷漠与残忍，把最后一丝温暖的伦理也践踏殆尽了。

如同散文家夏榆所言：写作"更多地像是某种清洗行为。我试图通过写作清洗生活和境遇加给我内心和精神中黑暗"，"通过写作我清洗虚假的知识和伪饰的逻辑带给我的非真实感"（《打开一个封闭的世界·序言》）。耿立也在践行"行于真，坐于实"的写作原则。

3. 散文的自由伦理与驯服

散文的本质是自由的，"变"应该是散文唯一不变的写作伦理，一旦故步自封就会僵化，就会散发出腐朽的气息。散文的没有边界才是边界，有良知、忠于艺术的散文创作者，必须首先把散文自由诉求的旗帜举起来。

优秀散文作家无疑是散文写作的命名者、秩序的重建者，也是冒险者、实验者。就像余秋雨摒弃杨朔式"美文"颂赞套路，把文化元素和理性、诗性和激情结合起来，开辟出"文化大散文"一路，令人刮目。剔除散文创作对杨朔模式思想、语言和方式的僵化依赖，是20世纪80年文坛散文创作重获自由新生的开端。再如散文家刘亮程，在黄沙滚滚的南疆旷野，虚构出了"一个人的村庄"，成就其"乡村哲学家"之名。

耿立的散文创作也是特立独行、自成一家，无论从精神高度、结构形式还是语言风格、内涵向度，都散发着强烈的个性色彩和魅力，呈现出一种思想自由、精神自由和形式自由的品质和气象。耿立立足于沉实的大地和茂盛的人间，在现实的地理坐标之上，建立起了由经验和记忆定性的精神故乡——"木镇"，作为自己的心理图示和精神符号。他在自己的特定的"场"，从自我和艺术出发，以激情和才情，用丰沛的想象力和创造力，精心建构自己与众不同的"木镇"世界。让曹濮平原黄壤深处的"木镇"活起来，让人、植物、家畜自由奔跑起来，恣意哭、笑，放肆怒、骂，良善抑或残忍，真实抑或虚拟。

徐志摩说过，慈悲的真义是"感觉人类应感觉的感觉"，是有胆量表现

"内动的同情"(《灵魂的自由·代序》)。耿立的乡土散文不是乡土生活浅层、简单的纪实或者抒情，也不靠流畅的文字叙事来打动读者，他的散文"是贴近人心灵的文字"，有胆量表现"人类应感觉的感觉"的文字，他相信这样的文字会有光明的前途，如《向泥土敬礼》中写父亲与泥土的亲昵：秋收罢了，父亲还会到田里去，就像"逡巡的士兵"，剔除泥土里的瓦块、砖头，怕这些"骨头"硌着"睡眠的泥土"、怕在地里漫游的小动物们为此"闪了腰"、怕它们来年开春撞坏了犁耙。

耿立的散文也有小说化和电影蒙太奇化的趋向，这是一种自觉的跨界创新借鉴，你有时候分不清究竟更准确地说是小说还是电影抑或散文。耿立尝试用散文的语言，来构筑小说中扣人心弦的情节，如《宰了他，狗日的》中蝗虫渡河惊心动魄的画面和牛群奔突的壮观场面，《匍匐在土》我和姐姐给父亲送饭跌倒的细节等，都是作家为了加深文章蕴藉的深挚有意用之。

在散文创意构思、行文运笔，耿立始终保有一份心灵的自由，他认为唯有如此才能使自己的散文创作，不断探索、不断突破，"好像拔节的麦子，有黄土的颜色"，充满生机、活力。尼采说"不蜕皮的蛇会死"，人类不例外，散文创作也不例外。

（三）新精神对文体的注入

散文在很多人的心目中，往往是闲适的、小视野小清新的，用于叙事和抒情的具有适度篇幅结构的温和的文体，尤其在当下人人都有可能成为写手、缺乏思想深度的所谓"美文""鸡汤文"充斥的网络时代，散文好像变成了一种"快餐文化"，"似乎那些小说家诗人随便一写"，在散文领域就可以成为佳作。散文文体变成了低门槛、无难度的文体，成了一种"文学的下脚料和口香糖"(《平淡与坚守》)。

耿立认为这是对散文的误读或者误操作。关于泥土、大地、星空，关于人类自身，关于精神，关于未来，关于公平、正义的东西才是散文家最应该关注的。散文应该从闲适、琐碎中解脱出来，散文作者应该是有责任担当的，散文写作要有精神含量，散文家要为自己的艺术负责。

作为一个左手写散文、右手做散文理论的散文家，耿立的创作心态是开放的，他有着鲜明的散文创作主张，这在中国当下散文界难能可贵，也使得他对散文文体的自由边界和精神高度，比一般的散文作家有着更加清醒的认识：首先，散文作者必须保持一定的思想独立、自由和精神高度；其次，关注当下"现在时"；第三，写真实，不做作，有担当等。

如果散文没有了自由、担当，没有了精神的注入，那么散文写作，势必会坠滑入小格局、文字把玩、精神逼仄一途，成了没有质量的轻写作。散文在挥霍文字时其实也在挥霍"文字所赖于表达的情感"，在"煽情和滥情的空气底下"，其实情感正日益枯竭（王安忆《情感的生命》）。耿立说，只有保有精神的高度，散文才能做到不安于"小"，不被人看轻，不被人视为一种赋闲的文体、茶余饭后的谈资、心绪的把玩，或者"小说家、散文家累了闲了，小试身手的跑马场"。

耿立的乡土散文写作，有着对文体精神高度的自觉坚守：散文"不止是一种记录"，"不止是书斋化"，不止是"自娱自乐"，它是有精神高度的（《散文铁门槛》）。散文不是随意的写作，应该更多"担当、思考、呐喊、发现"，散文应该是面对一个个个体，是"历史的横断""自然的更迭""人事的沧桑"，必须"挖掘这下面的精神的脉络"（《撕扯在历史和乡土之间》）。

因此他近年来的乡土散文，无论内容还是形式，都不因袭、不闲淡、不颂赞，看起来似乎不符合所谓"美文"的一般要求，但确是不撒谎、有体温、有血性、不逃避的。耿立的乡土文字，美在沉潜；美在对乡土隐性生存内质的精准发现、描述和深刻剖析，如关注现实生态的《向泥土敬礼》《美学格子》，介入现实生活，揭示故乡信仰的悬置、良知的缺失、道德的沦丧的《致不孝之子》《匍匐在土》《宰了他，狗日的》；美在靠近"良善、尊严、诚实、担当、难度、饱满"。耿立用自由不羁、新鲜独到的思想和精神，打着"木镇"石氏印记的书写方式，为当下乡土散文创作注入了强大的活力。"散文的现在时不妨多注入一些钙质"，使散文的"骨头硬一些，身板直一些"。这种"风骨"之美，比闲适、轻淡的所谓美文要有价值得多，让我们知道在散文的闲适、驯服之外，还可以有呼喊、有愤怒、有渴望，带给我们的是意想不到的深刻与惊讶。

　　"文以载道。"耿立把"对得起时间的淘洗"作为散文写作的镜鉴。文章千古事，得失寸心知。从十年前《藏在草间》开始，他的乡土散文便少了早期散文对童年生活诗性、美好的回忆，或者对过去岁月沉重的感喟、叹息，更多的是站在一种人文终极悲悯的高度，对人生、生命更深层次的体悟、审视，对人类精神家园——精神"家乡""故土""居所"的回望和反思，"不是怀旧，也非挽歌，是在这个我们被遗弃的世界里，寻找那亘古不变的道"（《散文铁门槛》）。这是一个达观的文人经岁月打磨后的臻于成熟的境界。

　　（说明：王丽娟同名论文《现实的困顿与精神的还乡——耿立乡土散文研究》，原载《百家评论》2018年第1期）

第七章 菏泽文化名人个案研究

一、《庄子》创作艺术分析

庄子（约公元前 369 年—前 286 年），名周，战国中期宋国蒙地（今菏泽市东明县）人。两千多年来，《庄子》创作艺术对我国文学理论与文学创作的持续繁荣发展产生了极其深远的影响。关于《庄子》创作艺术的探讨，主要从精神境界、创作理念、创作实践观、创作风格几个方面进行。

（一）精神境界："虚静""大明"

"虚静"说是《庄子》的精神内核。在《庚桑楚》（《庄子》"杂篇"）中，庄子说："虚静"安泰者，本身会发出自然的光芒（"宇泰定者，发乎天光"），而"虚静"泰定又能不断加强自身修为的人，才可以保持较高的修养水准（"人有修者，乃今有恒"）。

人之所以要达到"虚静"，是为了使主观和客观的高度统一，使自己对外界事物具有全面的、不带任何主观偏见的客观认识和评判。《天道》（《庄子》"外篇"）中说：圣人之心静，"万物无足以铙心者"，"虚静"是一种精神修养，是为了清扫外界事物的干扰，人在"虚静"时，内心会像镜子一样清明，如实地照见天下万物。《在宥》（《庄子》"外篇"）说："必静必清，无劳女形"，"为女遂于大明之上。"抛弃局部的、主观的"视、听"障碍，才能达到"大明"境界。能够达到"大明"境界，便可以领会到全面的、客观的"视、听"效果。

比如《养生主》（《庄子》"内篇"）"庖丁解牛"的故事。庄子认为，庖丁之所以解牛游刃有余，是因为他具备了与"道"合一的"虚静"精神境界：庖丁用手掌推起（"手之所触"），用肩靠上（"肩之所倚"），用脚踩住（"足之所履"），用膝顶立（"膝之所踦"），但见利落进刀、但闻霍霍作响（"砉然响然，奏刀騞然"），刀刀悦耳动听、合乎节奏（合于"'桑林'之舞"，"乃中'经首'之会"）。在一旁看庖丁解牛的文惠君，简直就是在享受视、听觉的"盛宴"。

庄子关于技艺神化的一系列寓言故事中，都贯穿了一个基本思想，即要使技艺完全和造物吻合，创造者必须保有具有"虚静""大明"的精神境界。

《达生》（《庄子》"外篇"）中有一个梓庆削木为鐻的故事："梓庆削为鐻"，"鐻"成，见者"惊犹鬼神"。鲁侯问梓庆是怎么做到的，梓庆回答说：在为"鐻"之前，必"斋以静心"。梓庆之所以能制作出"见者惊犹鬼神"的"鐻"来，是因为他"斋以静心"从而达到了"虚静"的境界，丢去一切私心杂念，不再受具体事物认识局限的束缚，从而达到认识的"大明"境界，唯有如此才能够客观地认识木材和"鐻"的天性，做起"鐻"来就能达到"以天合天"的地步，也即使技艺创造的主、客观之间达到完全合一。

还有《达生》篇中驼背老者承蜩的故事，也说明了专心致志方能掌握神化技艺的道理。天地虽大，万物虽多，承蜩的驼背老者只关注"蜩翼"一点，不左顾右盼、思前想后，"不以万物易蜩之翼"。用孔子的话评价就是"用志不分，乃凝于神"。而《达生》篇中另一则古代巧工匠（倕）"指与物化"的故事，也讲的是同一个道理。工倕随手一画比规尺还要准确，"旋而盖规矩"，手指随物赋形而根本无须刻意，就是因为不盲目"内变""外从"，内心深处"虚静"、专一之故。

这种在"虚静"状态下对技艺神化的追求，和文学创作对高超艺术技巧的追求本质上是相通的。文学创作过程中，创作者必须在充分认识和了解客观对象的前提下，消除一切主观成见和人为干扰，使主观思想情感与客观外物相谐和，专注、静心，然后才能创造出理想的作品来。

（二）创作理念：道法自然、遵循客观规律

庄子提倡自然、本真，反对过分雕琢、矫揉造作，这与他"虚静""大明"的文艺思想精神内核一脉相承。宇宙万物的运转、发展有其本身的客观规律，

"无以人灭天，无以故灭命"（《庄子》"外篇"《秋水》），万事万物运行、发展的客观规律，人们不应该违背。

在《骈拇》（《庄子》"外篇"）中，庄子认为所谓的至理正道，不外是人们行事顺应自然规律所流露出的真性情（"彼正正者"，不失其"性命之情"）。他还拿鹤腿、野鸭腿做例子来说清楚问题：事物原本就是长的，不可以随意截短（"鹤胫虽长，断之则悲"）；事物原本就是短的，也不可以随意续长（"凫胫虽短，续之则忧"），如果做事情人们都按照客观规律来，也就没什么忧患需要排除了（"无所去忧也"）。

《达生》篇讲述的吕梁丈夫在水高"三十仞"、水阔"四十里"、鼋鼍鱼鳖"不能游"之处自如游水的故事，告诉我们的即是遵循客观规律可取得大成就的道理。当孔子问吕梁丈夫成就出神入化的游水技巧有什么诀窍（"蹈水有道乎"）时，吕梁丈夫回答"吾无道"，之所以能够做到一会儿随水中漩涡一起潜入水底（"与齐俱入"）、一会儿又随汩汩涌流升出水面（"与汩偕出"），不过是顺应水势沉浮而不作任何违拗而已（"从水之道而不为私"），这即是我的"蹈水"之法（"此吾所以蹈之也"）。一开始是故常，长大后是习性，有所成就顺其自然（"始乎故，长乎性，成乎命"）。

遵从自然规律和保有本真的天性，也是人与宇宙万物和谐统一的外在表现。

在《胠箧》（《庄子》"外篇"）中，庄子将人保有自然、本真的天性，跟天下"不铄""不累""不惑""不僻"、太平安康联系在一起：若人们都能保有天然原本的视、听觉（"含其明""含其聪"），则天下便没有损毁和忧患（"不铄""不累"）；人们都能保有天然原本的智慧（"含其知"），则天下"不惑"；人们都能保有天然端正的德行（"含其德"），则天下就没有邪恶（"不僻"）。

由此，庄子认为理想的艺术创作，是顺应客观规律、自然真美的创作；而违背客观规律、过分雕琢的创作，不仅不能成就真正理想的文艺作品，而且还会闭塞视听，毁坏审美观念，消解和压抑人们的审美期待。只有摒弃掉违背自然规律、矫揉造作的伪"创作"，才能帮助人们去领会、认识和接受符合客观规律、符合"真、善、美"标准的优秀文艺作品。即，庄子文艺创作的审美标准就是崇尚自然，反对虚伪做作。

比如，庄子认为最好的音乐是"天籁"之音。在《庄子》"内篇"《齐物论》中，他将声音分作"人籁""地籁"和"天籁"，"天籁"是不违背客观规律、不以外部力量加以强求的"大音希声"，也是合乎自然、本真之美的理想音乐。在《天道》篇中庄子又说："与天和者，谓之天乐。""天乐"也即"天籁"之音。与之相仿，庄子认为只有呈现自然本身特性的绘画，才是真美之画。总之，在庄子创作理念中，"天籁"之音，真美之画的音乐、绘画才是理想之音乐、绘画。

在文字创作方面，庄子则赞赏超乎"言意之表"的美。《秋水》篇说：可以"言论者"为"物之粗"，可以"意致者"为"物之精"，超乎"言意之表"的语言和文章，也即《齐物论》中所说"大辩不言"的具体表现，是虽眼睛看不到、耳朵听不见，但又能感觉到它的存在，可意会不可言传的"大音希声、大象无形"之境。庄子之所以强调这种言不能论、"意"不能察的境界，是因为他向往的是一种整体之"美"、天然之"美"，而非局部、偏狭造作之"美"。

（三）创作实践观：稳扎稳打、循序渐进

庄子认为，创作者应该追求自然、真美的艺术境界，但这种理想境界不是轻而易举就能达到的，顺应客观规律只是理想实现的前提，稳扎稳打、循序渐进的艰辛努力才是通往成功的必由路径。

比如《养生主》中文惠君看庖丁解牛，赞赏之余，忍不住问庖丁如此高妙的解牛技艺是如何拥有的（"技盖至此乎"），庖丁放下刀具如实回答：

初学解牛之时，"我"所看到的无非是一整个牛的躯体；三年后"我"再看到牛时，只将它们作为生理结构意义上的牛来对待（"未尝见全牛也"）；到现在，"我"只以精神与牛接触而不必再用眼睛观察它们（"以神遇而不以目视"），视听觉器官潜伏起来而只以精神活动（"官知止而神欲行"）。顺着牛的自然生理结构（"依乎天理"）下刀：拉开肌肉之间的大缝隙（"批大郤"），穿过骨节之间的宽空处（"导大窾"），照顾到整体的固有结构（"因其固然"），凡遇到筋骨、经脉相连处，"我"都要绕过（"枝经肯綮之未尝"）向阻力最小处走，更不用说应对大骨了（"况大軱乎"）。牛的骨节间有缝隙（"彼节者

有间"），而我的刀刃很薄，用薄的刀刃插入有空隙的牛骨节（"以无厚入有间"），这也就是所谓的恢恢乎"其于游刃必有余地"了。

庖丁游刃有余运刀解牛的技艺非敷衍了事的一般厨师可以轻易获得，完全仰仗他十几年如一日地慢慢磨炼。这个故事也是庄子稳扎稳打、循序渐进实践观的鲜明体现。

再比如《达生》篇中驼背老人承蜩技艺的练就过程：一开始是经过五至六个月的练习，竹竿上能叠放两个丸子不坠落，这个时候举竿捕蝉就很少失手了（"失者锱铢"）；然后能叠放三个丸子不坠落，举竿捕蝉十次顶多会失手一次（"失者十一"）；再继续练习，到能叠放五个丸子不坠落时，举竿捕蝉便会像在地面上拾取东西一样简单了（"犹掇之也"）。他身体立定，就好像"厥株拘木"；举竿的手臂，就好像"槁木之枝"。举竿捕蝉犹如探囊取物，这背后是驼背老者循序渐进累丸练技的辛苦付出。

庄子这种循序渐进的技艺实践观运用到艺术创作上，就是要求创作者在遵循客观规律的前提下，大量进行具体实践，在实践中深入了解客观对象的性质、特点，在实践中总结经验方法，唯其如此才能使创作向炉火纯青、自然入化的境地慢慢趋近。

《达生》篇中纪渻子驯养斗鸡的故事，也同样能说明庄子循序渐进实践观的正确性、可实施性：纪渻子为周宣王驯练一只斗鸡。十天之后，这只鸡没有被驯服，因为那时它正处于虚骄而"恃气"的状态；二十天之后，这只鸡的虚骄之气收敛了很多，但它却听见响声、看见影子就有反应（"犹应向景"），纪渻子认为还得继续对它进行训练；三十天之后，这只鸡虽不再"向景"便应，但还是迅疾顾看、"盛气"虚张，纪渻子认为它依然需要训练；四十天之后，纪渻子根据这只鸡的反应判断它已被训练得差不多了，因为这时即便别的鸡打鸣，它已"无变"，呆似"木鸡"，别的鸡看见它的神态掉头逃走都不敢应战（"异鸡无敢应者，反走矣"）。纪渻子顺利完成周宣王教给他的驯鸡任务。

（四）创作风格：质朴、浪漫

《庄子》在创作风格上带有朴素的浪漫主义色彩。庄子主张创作遵循客观规律，追求自然、本真，而他寄寓鲜活故事说理的文体形式，一泻千里、汪洋恣肆的行文风格，上天入地、奇伟开阔的想象力，却又质朴中透着浪漫，给我们留下了无尽的研究空间和话题。

在庄子的文学世界中，意象群生、无大无小，"天地与我并生"，而"万物与我齐一"（《齐物论》）。在《知北游》（《庄子》"外篇"）中，东郭之地某士曾问庄子："所谓道"究竟存在于哪里？庄子回答："道"无所不在，万物都逃不开它（"无乎逃物"），可以在"蝼蚁""稊稗""瓦甓""尿溺"这些具体而又卑微之处所，也可以在至理之中、最伟大的言论之中（"至道若是，大言亦然"）。具体事物之间，无论高与下、大与小、尊贵与卑微，只是表面上存在着边界，存在着差异，而实质上并没有什么区别（"物际者也……不际之际，际之不际者也"）。这是庄子朴素的唯物主义观念。

在"内篇"之首《逍遥游》中庄子写道："北冥"有鱼，"其名为鲲"，从头到尾不知道几千里长。"鲲"化为鸟，"其名为鹏"，背脊也不知几千里长。鹏奋发飞起时，翅膀好像天际之云，"鹏"这种鸟，平时浮悬海上，每当"海运"来临，便要击水"三千里"、扶摇直上几万里而迁飞到遥远的"南冥"去，鹏鸟是大；"楚之南"五百岁的冥灵树、上古八千岁的大椿树，也是大。而蝉与斑鸠"决起而飞"也不过碰到"榆枋"树枝即止，有时连树枝也到不了只好落于地面，蝉与斑鸠是小；"不知晦朔"朝生暮亡的"朝菌"，浮动于天地间的游气和尘埃，也是小。在《齐物论》的最后，庄子甚至幻想自己变成了一只蝴蝶："昔者我梦为蝴蝶"，"栩栩然蝶也"。庄子以丰富奇谲的想象创造了一个万物齐一、众生平等的世界，也以文字践行着源自朴素唯物主义观的散文创作之"道"。

先秦诸子散文中，《庄子》最富有形象性，文学艺术价值一般也被认为是最高的。《庄子》"杂篇"《天下》（也即《庄子》最末一篇，学界一般认定本篇为战国末期庄子后学者所作）中的一些文字可以看作是庄子散文创作风格的"自我"总结：

庄子擅长以虚空悠渺的话语（"谬悠之说"），阔大夸张的言论（"荒唐之言"），没有边际的言辞（"无端崖之辞"），时时恣纵挥洒而不偏执拘滞（"时恣纵而不傥"），不持私见而标榜异端（"不奇见之也"）。庄子认为天下人沉湎于物欲不自醒（"以天下为沉浊"），不可与之严肃庄重谈论问题（"不可与庄语"）。因此，便以自然顺随之言来铺陈推衍（"以卮言为曼衍"），以前辈先贤之言来使人信以为真（"以重言为真"），以婉曲的寄寓之言来拓展胸臆（"以寓言为广"）。

其书虽然奇特伟异，却与物相从宛转连缀不失大道理（"其书虽瑰玮"，而"连犿无伤"），其言辞虽然变化多端却妙趣横生、引人入胜（"其辞虽参差"，而"诇诡可观"）。

庄子的内心丰满充盈（"彼其充实"），独与"天地精神往来"又"不敖倪于万物"，上可与天地神灵结伴同游（"上与造物者游"），下可和弃置死生、始终于度外（"外死生、无终始"）的得道之人交为朋友。因而庄子散文浪漫的艺术形式和他质朴的内容是交相辉映、融合统一的，他对"道"根本的阐释弘大而又精辟通达，深远而又放纵恣肆（"弘大而辟，深闳而肆"）；他对"道"宗旨的探讨谐和适宜而又达到了很高的境界（"稠适而上遂"）。

质朴又浪漫的《庄子》创作风格，对后世历代文人的创作观念及创作实践都产生了深远的影响，比如李白、王安石、苏轼等，"庄周梦蝴蝶，蝴蝶为庄周"，"乃知蓬莱水，复作清浅流"（唐·李白《古风》）；"余观其书，特有所寓而言耳"（宋·王安石《临川先生文集》卷六十八）；"其著书十余万言"，"大抵率寓言也"（宋·苏轼《庄子祠堂记》）；"庄子之文，长于譬喻"，其"玄映空明，解脱变化……从来无人及得"（清·宜颖《庄解小言》）。

二、张齐贤及其《洛阳缙绅旧闻记》

张齐贤（942—1014年），字师亮，谥号文定。北宋初期名臣和文学家。

张齐贤出生于五代十国中期的冤句（今菏泽市牡丹区），后随家人西徙至洛阳定居，"生三岁，值晋乱"，"徙家洛阳"（《宋史·张齐贤传》）。张齐贤父早亡，丧乱中长大的他给自己取字"师亮"，希望自己能像唐开疆功臣李大亮一样"兼资文武，志怀贞确"。

（一）拦驾献国"策"，初入仕途

北宋初期，宋太祖"释藩镇兵权，绳赃吏重法"；务农兴学；"慎罚薄敛，与世休息”（《宋史·太祖本纪》），推行一系列王朝新政，让人看到了北宋整肃纲纪的开朝曙光。

北宋开宝九年（976年）春天，太祖赵匡胤西巡洛阳。一日，宋太祖赵匡胤在巡游途突然被一书生当街拦驾，说要献治国“十策”，这书生便是张齐贤。

北宋司马光的语录体笔记《涑水记闻》、刘斧的杂记《青琐高议》对张齐贤入仕前磊落大度、不拘小节的气质风范都有记载。比如《青琐高议》（“后集”卷二）中的《张齐贤：从群盗饮酒食肉》篇：

张齐贤布衣时，“性倜傥，有大度”，因贫窘，常在洛阳道旁伫立乞舍从不觉难堪。一天，有一群盗匪在饭店聚饮，座中食客皆惶恐窜匿，唯有齐贤径直向前作揖，问可否求一醉饱。盗匪又惊讶又高兴：秀才自屈，我辈粗疏，恐怕会让秀才见笑。张齐贤随即入座，加以肯赞：盗者非碌碌之辈所能为，皆世之英雄，大家都是慷慨之人，“诸君何间焉？”张齐贤拿来大碗满酌而饮，又取豚肩用手分为数段而食。群盗相视，对眼前秀才所为大放嗟叹：“真宰相器也”，“他日宰制天下”，望体谅我等不得已为盗的无奈。酒饭之后，盗匪还以金帛相赠，张齐贤也不推让，“遂重负而返”。

由此看来，张齐贤当道拦太祖驾的胆识非一日练就。

太祖不但不怪罪拦驾的张齐贤，还将他带至洛阳行宫。看到布衣张齐贤虽无半点官场历练，却气宇轩昂，太祖赵匡胤传旨赏赐张齐贤“廊餐”。张齐贤对太祖一一条陈自己的治国“十策”。《宋史》还有南宋初年学者邵伯温的《邵氏闻见录》等史书，对“画地十策”原委都有详尽描述，它几乎成了张齐贤走入北宋政坛的一张宣传名片。

张齐贤“画地十策”的超凡胆识，成功吸引了太祖赵匡胤西巡的目光。之后，太祖对其弟赵光义一番兄弟私密交托流传出来：“我幸西都，唯得一张齐贤尔”，“不欲爵之以官”，“异时可使辅汝为相也”（《宋史·张齐贤传》）。

赵光义登基第二年，京师开封第一次“擢进士”，太宗“欲置齐贤高第”，但有司偶失抡选的小失误让太宗愿望落空。虽然皇上看好，但张齐贤的丙科进士身份，意味着初入仕他将无缘京官，只能任职地方。

仕途从地方开局对韬略与胆识兼备的张齐贤而言并非坏事，倒像是在成全他。衡州通判、忻州知州、江南西路转运使，张齐贤南腔北调地兜转了七年，勤究民弊，务行宽大，事必躬亲的张齐贤每到一处都干得有声有色：

通判衡州时复审劫盗案，张齐贤从刀口下救活无辜遭误判的五人性命；上奏减少荆桂水路邮夫半数。任江南西路转运使，暗查辖区内铸钱用铜实数，堵塞奸吏贪污漏洞；强化地方官讼审职责；整顿、减免江南赋税。宋初南方诸地皆教化松散，调治不易，张齐贤离任后能令"江左人思之不忘"，也是用心营政的最佳明证。

"师亮"这个字号，张齐贤没有玷污。张齐贤跟另一位菏泽籍同乡、治理蜀地有功的张咏一样，都属实干派。赵光义看到张齐贤卓越的地方政绩时，也一定想起了李世民对李大亮的评语吧？"有臣如此，朕何忧！"

（二）北伐扬名，性格爱憎分明

在太宗皇帝登基的第九年，外任的张齐贤终于被召回京师。议论慷慨、有大略的张齐贤，离宋廷大庆殿核心越来越近。

雍熙三年拟收复幽云十六州的大举北伐，太宗赵光义蓄谋已久。被后世众说纷纭的北伐之征，一路波诡奇谲。杨业战死，成就了杨家将千年以下的忠烈美名，却毁掉了开国功臣潘美的一世经营。潘美优柔不决，让太宗的北伐成为张齐贤显露军事才能的绝佳舞台。

《宋史》并没有潘美与杨业不睦或潘美奸佞之类的记载，反倒是脱脱史撰有意将潘美排在"列传"第十七，而杨业仅三十一。潘美助宋太祖陈桥兵变，收南唐，灭北汉，征岭南，战太原，战功远在杨业之上。陈家谷一战，潘美用兵犹豫，导致杨业因缺少后援战败身亡，潘美确应负指挥失误之责，但也仅此而已。潘美残害忠良之冤是小说改变历史的典型案例。

千百年来，鲁西南一带广泛流传的各类"杨家将"民间曲艺故事里，潘美（即潘仁美）一直都是构陷杨业的白脸奸臣形象，如豫剧《百岁挂帅》《闯幽州》《四郎探母》《杨门女将》，坠子书《杨六郎扫北》等，老百姓只知满门忠烈的杨家将，却不闻潘美开疆拓土之赫赫威名。元明以后，杨家将群烈故事愈演义愈丰满，可与史称"良将第一"的曹彬相提并论的潘美形象，则被损毁殆尽。

张齐贤作为太宗身边近臣，陈家谷败战后，主动请缨知代州上前线，与降职重新启用的潘美一同再战辽兵。当时辽兵进逼代州城下，神卫都校马正寡不敌众，副部署卢汉赟畏保自固。齐贤选派厢军二千，慷慨誓师，以一当百，退却辽兵。代州上下士气大振。

初尝胜果的张齐贤约潘美率并州军会战土磴砦。但张齐贤等来的只有潘美的使者。大敌当前怎么办？要么重蹈杨业坐以待毙的旧辙，要么设法突围自救。张齐贤临危表现出超凡的谋略和实战指挥能力，他半夜派二百精兵，每人持一帜，负一束刍，离州城西南三十里，打出旗帜燃刍迷惑敌人，辽兵以为张齐贤援兵已到，惊骇逃走。张齐贤在土磴砦埋下二千伏兵，袭击大败辽军，擒俘北大王之子和帐前舍利，杀敌数百，俘获二千匹战马及很多兵器。

张齐贤一旦靠近边关、军事，就成了穿着文士长袍的将军。不能不说这跟他出生在崇武好勇的鲁西南大地有天然关联。他的边关大捷虽未改变宋辽对峙的大局，但已足够振奋北伐士气，同时也保住了潘美的晚节。

北伐后，太宗赵光义对张齐贤的才能愈加赞赏，赵普等老臣也常在太宗面前力荐。淳化二年（991年），张齐贤终于第一次登上宰相之位，一时间张齐贤在朝廷上下风头无二。

鲁西南人都爱好美食，"体质魁伟"的张齐贤也未能免俗。宋人刘斧《青琐高议》（"后集"卷二）有《张文定：用大桶载公食物》篇，形象描述了齐贤嗜吃的画面：

"张仆射齐贤"食量过人，一次宴席，有好事的厨吏，专门提来一个金漆大桶，想探探张齐贤饮啖的上限。张齐贤吃什么，厨吏就往桶内照样放什么。宴会结束，"酒浆浸渍，涨溢满桶"。里面还有个细节，一种秘制"风药黑神丸"，常人服之，不过一丸，张齐贤却常以十余丸为大剂，"夹以胡饼食之"。

张齐贤外表生得姿仪丰硕，处理军政要务倜傥大度，对危困之时帮助过的人懂得知恩图报，深以礼待。鲁西南大地民风淳朴，有优质的土壤孕育此等知恩图报、忠孝节义的血性汉子。

张齐贤少时家贫，父亲去世连基本的下葬仪式都无力操办。曾有洛阳县吏帮他家渡过难关，张齐贤感谢之下终生以兄礼待之，虽显贵不改变。

他的仲兄昭度曾经教他经书，昭度去世后，齐贤上表请求追赠他光禄寺丞。

他曾经投靠过太子少师李肃，李肃死后，张齐贤不但为李家操办丧事，还每年不忘祭祀。难怪开国功臣赵普临退休会以李肃为例，向太宗皇帝力荐张齐贤："陛下若进齐贤，则齐贤他日感恩，更过于此。"

太宗对张齐贤的忠义孝节之为也深为赞赏，并屡加勉励。张齐贤的母亲孙氏夫人八十几岁时，身体仍然康健，被太宗封为晋国太夫人。太宗待孙氏如家人一般，孙氏每次入宫朝见，太宗都叹服她高寿，有张齐贤这样的好儿子，常常下手诏慰问，给予赏赐，文武百官们也都能感到张家备受皇恩。

南宋石林老人叶梦得跟张齐贤的曾孙张仲咨有交集。在《石林燕语》一书中，叶梦得说，太宗赞赏张齐贤忠孝美德的御赐条幅，他曾亲眼所见：

往日贫儒母，年高寿太平；齐贤行孝侍，神理甚分明。

还在张家见到太宗所赐一手诏：

张齐贤拜相，不是今生，宿世遭逢；本性于家孝，事君忠；婆婆老福，见儿荣贵。

孙氏夫人去世，一贯贪吃的张齐贤遭母丧却能做到七天水浆不入口，自此守丧期间一天只喝一碗粥，不吃酒肉蔬果。严格遵守礼法，甚至超过《礼记》的倡制："故君子之执亲之丧也，水浆不入于口者三日。"

张齐贤虽以忠孝闻世，得开国三朝君王赏识，但因为直言敢谏，也是在朝中树敌无数，除了王禹偁、张咏之外，还有名臣寇准。

偏巧，寇准也是忠定公张咏的至交。张齐贤与寇准不和应该也不是单方面原因造成。

就在寇准出任开封府尹的真宗咸平五年（1002 年），轰动京师的一起"柴寡妇改嫁"事件，令张齐贤晚节不保，在史书中留下了贻笑后世的污点，张齐贤被真宗罢去宰相职，坐责西京洛阳太常卿。

据说，这事闹大跟寇准背后斡旋多少有些关系，虽然除了《宋史》中张齐贤"与寇准相倾"语外，并没有更多的史料确切记载，但真宗初年，根深资厚的张齐贤，是寇准进入京师最高权力中心非常大的一个障碍确是事实。

（三）写作《洛阳缙绅旧闻记》

被坐责洛阳太常卿闲司礼乐的两年里，张齐贤把不少的时间放在发展伊洛地方新儒学教育上。他在"鹤鸣九皋，声闻于天"的九皋山下海角村（今伊川酒后村）创建"和乐书院"。海角村西濒伊水，南倚九皋，秦儒孔鲋曾在此避乱授学。张齐贤追怀先贤步履，不仅延师讲学，还在书院亲授儒经，为后进理学家邵雍、二程（程颢、程颐）创立根植于九皋山的"伊洛之学"营造出了良好的修学氛围。比张齐贤晚70年出生的邵雍有"安乐书院"，更晚的二程有"鸣皋伊川书院"，跟张齐贤的"和乐书院"合称伊洛三大书院。可惜，"和乐书院"在张齐贤去世后即停办。

也是无更好的贤臣可用，景德初，62岁的张齐贤又被真宗启用为兵部、吏部尚书。张齐贤应该是舍不得离开九皋山下自己亲手打造、施教的书院，他究竟是怎样一步一回头地由洛阳回到京师已无从得知，但他是忠义人臣，非孔鲋般避世修授儒典的逸者，必须随时听从社稷的召唤。

回到京师后，他被真宗外派青州知府，兼青、淄、潍州安抚使。离开家乡半个多世纪之后，花甲之年的他又一次踏上了山东故土。

张齐贤为政开明磊落，跟青州地方感情很深。宋王辟之《渑水燕谈录》记载，张齐贤青州任时曾道"其治安静"，在他离开之后"民甚怀之"。

虽然年过花甲的张齐贤把青州地方治理得风调雨顺，事有条贯，还是有嫉贤之人在真宗面前说闲话，好事者谤其居官弛慢。张齐贤对小人谤言也是无奈："向作宰相，幸无大过。今典一郡，乃招物议。正是监御厨三十年，临老反煮粥不了！"大江大河过尽，竟然还有人巴望着老舵手在小河沟里翻船，阳敬礼而阴菲薄之小人，哪朝哪代都非稀缺品。

也是在洛阳太常卿闲职任上、醉心伊洛教化的这段时间里，年过花甲的张齐贤开始酝酿他补正史缺漏的笔记体著作《洛阳缙绅旧闻记》。

张齐贤未应举前，十数年中，多与洛城缙绅旧老善，"为余说及唐、梁已还五代间事"，往往褒贬陈迹，理甚明白，使人终日听之流连忘返。那时也曾有所记录，但可惜辗转多地致使文本丢失。此后，张齐贤一直忙于军国大事，再无暇著述。

到青州后，张齐贤终于闲下来了，他知道：该到动笔为后世记留点什么的时候了。在青州六年的时间里，张齐贤择"旧时缙绅所说及余亲所见闻"，最终完成了五卷本的《洛阳缙绅旧闻记》一书，"冀有补于太史氏"：

> 摭旧老之所说，必稽事实；约前史之类例，动求劝诫。乡曲小辨，略而不书；与正史差异者，并存而录之。（《洛阳缙绅旧闻记·序》）

估计京师的好事者，是在《洛阳缙绅旧闻记》自序中看到张齐贤写有"足病累月，终朝宴坐，无所用心"的句子，才会在京师朝堂生出张齐贤在青州居官弛慢的谤语。

文史研究名家程毅中先生在《宋元小说研究》中说，《洛阳缙绅旧闻记》在北宋同类笔记类著作中"可以算是上乘的作品"。叙事声色俱绘，人物用笔精细生动，足见张齐贤经世奏议之外暮年文字的另一种冲淡老道。《少师佯狂》（杨公凝式）、《向中令徙义》《齐王张令公外传》等都是为后世瞩目的篇目。

张全义祖籍菏泽，后治洛阳几十年，跟张齐贤身世有相仿处，因而《齐王张令公外传》写来也显得格外用心。唐五代乱世，张全义是有大失节又有大功之人，离开黄巢军后，唐、后梁、后唐屡翻身媚主，操守遭议，但勤政洛阳抚济民生，洛阳百姓受他荫庇40年，又很难得。

《向中令徙义》篇讲述的是五代宋初名臣向拱的传奇故事云：

> 中令倜傥多权谲，勇果刚断，真英雄士也。少善射……胆气不群，重然诺，轻财慕义，好任侠……

他听从名士滕公教诲，最终从率性任侠的狂士变成循循儒者，官至中书令，归全手足于京师第，令名终始，勋业显赫。向拱身上颇有些张齐贤、张咏的影子，此篇也明示着宋代士阶层人生价值取向的转变，以及名节忠义等儒家伦理规范的重建，早在国初程朱理学开创之前，就已经有着深厚的民间基础。

大中祥符元年（1008年），老当益壮的张齐贤再一次入职宰相府邸。三年后，张齐贤终于决定要为自己45年的漫长仕宦生涯画个句号了，入宫向真宗辞行，这落幕一场依然是戏剧性的，如同他洛阳道上布衣拦驾的出场：张齐贤见到真宗，刚要行君臣大礼，一个趔趄仆倒地上。真宗急忙上前阻止，允许他的两个儿子扶持着上殿。张齐贤入座，真宗还特别命令左右给座位上加三个坐垫。张齐贤也算是鞠躬尽瘁大半生，荣耀退出北宋政坛了。

回到洛阳，张齐贤得裴度午桥庄，有"池榭松竹"之盛，日与亲旧"觞咏其间"：

> 午桥今得晋公庐，水竹烟花兴有余。
>
> 师亮白头心已足，四登两府九尚书。

（张齐贤《得裴晋公午桥庄》）

张齐贤在青州写作《洛阳缙绅旧闻记》是一次艺术的华丽转身，从官场到文场，从觥筹交错的官衙到青灯黄卷的书斋，我们看到的是一个鲁西南籍名臣与文人的多维和多面。

张齐贤对第二故乡洛阳牡丹的繁盛发展也有贡献。北宋时青州盛产牡丹，也正是张齐贤感念青州，离开后让人把一种叫"鞓红"的牡丹带至洛阳安家落户，从此鞓红牡丹名冠洛阳。欧阳修曾写过《洛阳牡丹记》，里面特别提到张齐贤与洛阳"鞓红"牡丹的渊源：鞓红牡丹"单叶深红花"，"出青州"，亦称"青州红"，"故张仆射齐贤"，"有第西京贤相坊"，自青州"以驼驮其种，遂传洛中"，其色"类腰带鞓"，故谓之"鞓红"。

第八章 "创意写作"服务菏泽地方文化的创新与实践研究

我国文化产业近年来发展迅速，社会对文化产业从业人员的需求量相应增大。作为高素质应用型人才培养摇篮的地方高校，也在和社会文化产业发展日益密切的形势下，经历着自身应用转型发展和教育教学改革的阵痛，探索着校地产学研协同育人融合发展的创新路径。作为伴随国家文化产业结构调整和高校教学改革推进步伐落地的"创意写作"课程，其发展和人才培养状况，以及在地方文化建设中所起的作用越来越受到关注。

一、"创意写作"发展历史与现状

"创意写作"是指一切以创造性思维为统摄、以文字作品为载体、有创意质性的写作，发端于美国。20 世纪 30 年代初，在美国高校创设成功，由走进高校的专业作家在写作"工作坊"系统内独立开展教学活动，"作家教师"面对面跟学生分享创作成果，同时带动、引导学生做研讨并密集展开创作训练。被戏称为"魔鬼训练营"的创意写作"工作坊"虽自创生以来便饱受非议，但确实以实际行动密切了作家与高校之间的关系，为美国社会培养出不少优秀写作人才。美国社会专业作家与高校之间出入自主的合作关系也因"创意写作"的存在而逐渐形成。

二战后，创意写作"工作坊"机制开始从高校内部涌入美国社会，号召以笔为旗帜、用写作之力"疗愈"退役老兵战争伤痛的短期创意"工作坊"数不胜数，"写你所知""表达你所表达"等创意写作标志性指导方针流行至今。同一时期，欧洲许多国家的高校也引入了涉及学士、硕士、博士三个培养层次的创意写作学科机制。

"十一五"末期，随着我国文化创意、影视制作等文化产业的崛起以及教育体制改革的需要，早已成为西方高校传统学科的"创意写作"，开始进入中国东南沿海地区高校新兴学科创设的考虑范畴。在葛红兵等众学者的努力下，上海大学于2009年筹建了"文学与创意写作研究中心"，并随后申请到创意写作硕士学位（MA：文学硕士）授予点，同年复旦大学也有了自己的（戏剧）创意写作硕士学位（MFA：艺术硕士）授予点，中国高校的"创意写作"教育由此发轫。南京大学（MFA）、同济大学（MFA）、江苏大学（MA）等高校，也先后加入与创意写作相关的专业（或专业方向）硕士研究生招生行列。2011年开始，中国人民大学和广西师范大学出版社相继推出"创意写作书系""上海大学创意写作丛书"，一批西方经典创意写作著作像《创意写作的兴起：战后美国文学的"系统时代"》等被翻译进国内，许道军、葛红兵等国内学者撰写的《创意写作基础理论与训练》《大学创意写作》等理论著作、教材也陆续出版，掀起了国内高校创意写作课程开设和理论研究的一波波热潮。

西方"创意写作"学科引入国内高校虽然才有短短十余年的时间，但"创意写作系统"却跟中国当代文坛作家的渊源很深。20世纪40年代开始，美籍华人女作家聂华苓的丈夫、作家保罗·安格尔，曾做过24年的美国爱荷华州立大学的"创意写作中心"主任，对"创意写作"在美国大学内得以确立和推广发挥过很大作用。1979年以后，两岸很多知名作家如余光中、王文兴、白先勇、萧乾、艾青、陈白尘、茹志鹃、王安忆、吴祖光、张贤亮、冯骥才、白桦、汪曾祺、北岛、阿城、刘索拉等，都参加过美国大学开办的"创意写作"工作坊。著名美国华裔作家严歌苓、哈金等也是从"创意写作系统"走出来的作家。

近年来，国内文学教育及文学创作实践者一直也多有发声。比如，作家尚爱兰在《给我个孩子，他就能成为作家》中就提出写作能力可以造就的问题："语言表达，一定不是某些人独有的特异功能，每个孩子都有语言表达的潜能。"她的女儿、青年作家蒋方舟就是她言论很好的例证。蒋方舟在尚爱兰的指导下，7岁开始写作、9岁出散文集。尚爱兰认为孩子对语言非常敏感，在对词语创造性吸收、转化的能力超出我们的想象。葛红兵教授也认为作文"别无他物"，就是教会学生独立思考和独立做人。我们的文学教育前辈钱理群先生在《语文教育门外谈》也说过，教学是学生发现自我同时也是教师发现自我的过程，教学本质上是师生"双向"互相激发潜能的过程和生命运动。

二、构建以服务地方文化为动力的"创意写作"课程体系

2015年下半年，国家"关于引导部分地方普通本科高校向应用型转变的指导意见"出炉，地方高校应用转型发展步伐开始加快。地方高校所有本科专业都面临着深化教学改革、人才培养方案和课程设置必须适时做出调整的现实问题。因为中文专业整体"大写作"环境的实际存在，"中国古代文学""中国现代文学""中国当代文学""文学概论"等几乎每一门专业课程都与文学创作理论有关，使得当时偏创作理论讲授、轻实践操作的写作课日益被边缘化。是否所有的文学类课程都算是"大写作"课程、只教授创作理论不重视学生练笔操作的"小写作"课程该不该在中文专业存在等诸如此类的讨论持续不断，甚至有不少从事文学或文学理论课程教学的教师公开提出既然写作课不培养写作能力，那就"砍掉写作课"的专业教改建议。处境尴尬的写作课面临着被取消还是升级改造的选择。

上海大学等长三角流域高校成功创设的"创意写作"，为其他院校提供了一条可资学习借鉴的教改路径。其围绕"创意"展开写作教学，重创意和写作双促人才培养的优势，正是传统写作课所欠缺的。

但因经济、文化发展和院校教育体制的差异，作为原有写作课程转型升级版本的"创意写作"在上海大学等经济发达地区高校创设成功，并不意味着其他院校就可以将其一整套课程理论体系直接拿过来照搬照抄。作为研究生、博士人才孵化基地的创意写作"工作坊"式教学运行机制，虽然是东西方高校写作课争相学习、效仿的样板，但身处经济欠发达地区，将其引入时却不能直接机械复制，如何借鉴、借鉴多少，如何处理传统写作教学理论与创意写

作的关系、如何处理地方院校课程教学改革与服务地方文化的关系等，都是应该考虑和解决的。

（一）菏泽地方特色创意写作课程设置思路

针对菏泽学院所处的鲁西南地域文化特点和原有的写作课程资源优势实际情况（山东省级精品课程、菏泽学院校级重点学科），我们确立了一条以服务地方文化为动力，以融会东西方写作理论精髓的授课内容为教学基石，以创意写作人才培养为课程开设目的，以"创意＋应用"贯穿始终，以写作"工作坊"优秀操作技术为借鉴形式的"创意写作"课程体系建构思路。

传统写作学教学体系中许多行之有效的理论精髓应该被移植进创意写作。首先，涉及作者能力培养、素质提升方面内容的写作主体理论不可或缺，写作主体良好的智力、能力、素养条件是确保一切写作活动得以正常开展的坚实基础。其次，立意、选材、结构、炼语等写作基础原理内容，也应糅合进"创意写作"理论体系之中。最后，古代文论中"意在笔先"说，在我们的写作教学实践中一直被沿用，并且与创意带动写作的创意写作理论相符，也应考虑并入。

（二）以"创意＋应用"贯穿始终的课程体系建构

根据课程设置思路，建构以"创意＋应用"贯穿始终、打有鲜明菏泽地方烙印的创意写作课程体系：

第一，创意写作原理部分。包括"创意"内涵、创意写作源流与发展现状、"创意"与"写作"关系、创意写作特征和规律、创意写作与文化产业的关系、教学方法和手段等内容，对创意写作进行整体概貌性把握。

第二，写作主体部分。融入传统写作的主体论内容，强调对写作主体的观察、想象、思维等基本能力的锻造，强调主体审美素养的不断修炼，强调创造性思维在各种思维方式中的主导地位。

第三，过程理论部分。建立"创意""行动"螺旋式推进的"对象化"过程环节模型理论，梳理从创意"脑力激荡"到"列提纲""写初稿""讨论、反馈"到"定稿""分享、发表"过程环节链。在"意"的"对象化"过程中，强调写作主体的"自我挖掘"和地方文化符号挖掘，用写作完成体验、发现，将写作变成认识自我、发现自我、表达自我的过程，同时也是认识社会、发现社会、表述社会文化符号的过程。破除"写作天才论"误区，把写作当作进行自然景观记述、人生思索、社会文化审视的媒介工具。此部分内容直接对接课堂教学实践训练。

第四，文体写作部分。主要包括对故事、散文、论文、文案等文体写作规律及写作技巧的阐述。

三、"创意写作"服务地方的实践探索

近年来随着菏泽地方文化事业的发展和文化产业规模的逐步扩大，社会对文化从业人员的需求量变得越来越大同时要求也变得越来越高。作为地方高校有义务和责任承担起高素质文化创意和写作后备人才培育的重担。"创意写作"，也因此正在发挥着自己服务地方文化建设无可替代的作用。

（一）依靠课程平台，培育有创造力的后备写作队伍

在国家文化创意产业蓬勃发展大背景下建构起来的"创意写作"，其重实践操作、重创意效能发挥的运行内核，既可以保证在校内精心培养学生的写作兴趣和全面提高学生的写作能力，也可以为地方文化建设孵化创意和写作人才，在院校现行教育机制里点燃创造性教育的热力，从而使创意、创新落在实处。

在菏泽学院校内人才培养体系中，教师发挥导向作用，突出学生中心地位。解决"要不要写作"等面向写作本身的质疑，摆脱"写作天才论"和"写作不可教"等妨碍写作行动的旧认识，追求"为整体而写作、为整体而提升"的教学宗旨，利用菏泽学院层面超星"学习通"平台，借鉴西方写作"工作坊"模式，搭建线上、线下"创意—工作坊"教学平台，实施作品生产从"脑力激荡"点燃"创意"到"发表"的过程环节理论。鼓励学生日常练笔，从现实生活中"看似无风景处"入手取材写观察笔记，比如校园一隅、楼梯转角、宿舍小天地、食堂窗口等，克服写作障碍和抵制情绪，调动学生学习积极性，将对课程理论的理解付诸现实关照，再将现实生活中的见、闻、感、思在写作实

践环节呈现，循序渐进磨炼写作基本功。通过学生日常练笔、作品展示与讨论、学生作品分享与发表等方式，激发学生固有的创意潜力和写作潜力。

随着菏泽地方文化"十四五"新时段进一步繁荣发展，"曹州文化生态保护实验区""曹州古城""庄子文旅小镇""牡丹文旅小镇"等文化产业项目将成为亮点主推。为将地方文化发展后备人才培养落在实处，在创意写作基本理论知识讲述和基本技能训练之外，开辟专题给学生介绍菏泽深厚的文化积淀与文化亮点，灌输地方文化服务意识。鼓励学生深入菏泽城乡街道、巷陌调查采访，或沉浸于菏泽市、牡丹区档案馆或图书馆，以查阅典籍资料等形式，收集历史文化故事、民间传说、民歌民谣等材料，挖掘菏泽地方文化符号：菏泽"牡丹文化""水浒文化"、美食符号（曹州耿饼、单县羊肉汤、东明粉肚、曹县烧牛肉等）、菏泽地方风物符号（菏泽柿树、木瓜树等），然后以创意文案、影视剧本、纪实文学等文章体裁呈现。有些写作天分高的学生甚至以此为契机进行文学作品创作。一些平时不擅交流、较自闭的学生也放开矜持参与其中，通过创意写作实践，学生不仅提升写作自信同时也大大提升了社交沟通自信，有的还主动报名参与教师的后期课题项目。

多年来我们一直在做菏泽地方文化的田野调查工作，通过深入城市乡村采风、挖掘地方文化符号、记述地方文化风物等多样形式为菏泽地方文化建设作出自己的贡献，让菏泽博大精深的地方文化在写作实践与研究中深深植根。

比如，对"曹州三贤故里碑"与"卞壶祠堂"的探访与记述：

菏泽木瓜（节选）

明武宗正德五年（1510年），曹州地方政府为纪念（西汉）魏相、（东晋）卞壶和（北宋）张齐贤三位声望显赫的曹州籍先贤名相而立"曹州三贤故里碑"，碑文由清末曹州籍书法家曹垣撰写。"曹州三贤故里碑"曾立于"石碑隅首"（即现在的菏泽市牡丹区东方红大街与解放大街交叉路口），"石碑隅首"也正因此块石碑而得名。目前，"曹州三贤故里碑"保存于菏泽市鲁西新区卞庄村卞公祠堂内……

据《菏泽县志》（光绪六年版）记载，位于菏泽鲁西新区的卞公祠为"明万历末知州周鼎创建"。卞公祠堂内的几座石碑傲然矗立。

石碑上的字迹都已被风雨浸蚀得漫漶不清。

最古的一块石碑仅顶部有几个篆字显现，老人说年代搞不清，有上千年了吧？东晋？南北朝？隋唐抑或宋？都有可能。

祠堂中右手边一块用青砖砌起来的石碑，就是名震曹州府的"下马碑"，是明神宗朱翊钧万历年间的御赐，算来也有400年历史。想当年此碑立于卞公祠外，上至文武百官下至黎民百姓打此碑前经过，都是要下马落轿以示对先贤卞公的尊敬，上面还能看出"晋卞忠贞"几个大字。

2012年，韩国卞氏后人赴鲁寻根祭祖时也曾特别提到此碑。

古时在曹州据说卞氏后人进衙门打官司都是不用跪或站的，因是壶公之后，县太爷要赐座。还有，嫁女儿娶儿媳，对方一听是姓卞也都放心，知是卞氏后人必守忠贞公遗风。

卞氏后人提起这些先祖荫庇之故事仍甚感荣耀。

祠堂院内右手边中间有一通石碑很特别，中间明显有曾断裂又被人用铁锔子锔过的痕迹。据老人说是"文革"时期被人砸断的。上面碑刻字依稀能看出一些。这是清末光绪十九年（1893年）御赐的一块碑，也已历百多年。撰刻者为光绪十二年进士、曹州籍二品翰林院编修张星吉。张星吉终老曹州，曾被御赐"太史第"匾额……

对菏泽乡镇（皇镇）供销社旧址的探访：

虽然乡镇供销社实体已慢慢淡出人们视野，但菏泽牡丹区皇镇供销社旧址保留得还算完整。皇镇供销社大门上方仍有"中国供销合作社·牡丹皇镇供销社"的棕底黄字题头。老供销社原临街房屋，几年前已统一翻建成一拉溜沿街门市，个体经营或外租。

大门右侧最里端一座三根水泥明柱支撑的前出厦红砖联排房，一看就是几十年前单位办公用房的旧结构。尽管两边拱形门耳房已被砖砌死，前厦屋瓦有多处残缺，干瘪丝瓜茎叶绕满墙窗，但里面仍住着人，有催促孩子做作业的女人声音不时传出。

半个多世纪前，乡镇供销社售货员是令人羡慕的体面工作。东西长、砖砌白灰（土）柜台，高 1.2 米左右，后墙砖砌白灰条形搁架，放着奶粉、饼干、烟卷，糕点、黑白糖，中间过道或站立或高高坐在木凳上打算盘、包点心或收支钱款的售货员……

对菏泽村庄（杨海村）变迁的探考：

菏泽牡丹区杨海村，是个成村 600 余年的老村庄。杨氏族谱（1932 年杨氏十七世庠生杨秀华修）序记："始祖前居山西太原府平遥县"，明"永乐二年（1404 年）""诏下迁民"，始祖"相厥阴阳遂卜筑于陶邑东北距城五十里柏柏村杨海庄"。但因杨海村地洼易涝，土壤碱性程度高，清中期以后村庄人口开始逐渐外迁。留在杨海的杨氏后代为了活下去，也跨过祖上初至曹州地界时"自此耕读为业"训诫，农耕之外图谋别的营生。甚至有一支拉起唢呐班糊口，农闲时吹奏唢呐、笙、笛等响器为十里八乡红白喜事添背景。"鲁西南鼓吹乐"是乡间普及面很广的一项民间艺术，曾入选国家第一批非物质文化遗产名录，杨海响器班似也在皇镇、辛集、沙土、陈集一带颇为知名。

而更多人家在村中挖盐池，靠煮"小盐"的微薄收入填补家用。村中曾有几个大"盐堌堆"，最高的一个达到五米多，曾辟来作为打麦场，据说也有三百年以上盐泥的堆积。《元史》曾有"太原民煮小盐，越境贩卖"的记载，杨海煮小盐私卖的历史，应该与杨氏祖上原籍山西太原府不无关系。20 世纪 50 年代初，私煮"小盐"被严令禁止后，村中几个盐坑悉数被填埋。也自那时起，杨海村逐渐变成一个远近闻名的贫瘠小村庄，村庄人口不断外迁，50 年代末杨海村仅有 80 多人，跟周围张连俄、朱集等 300 多人的大村根本无法相提并论……

还有对菏泽木瓜树的探究：

菏泽木瓜树树身矮，树枝高阔，在鲁西南民间也叫铁脚梨树、木梨树。

木瓜的药用始载于魏晋齐梁间《名医别录》一书。木瓜性温味酸，具有舒筋活血、平肝和胃、化湿止痛的功效。可治疗吐泻腹疼，风湿疼痛、水肿脚气、痢疾等症。宋代名医许叔微的《类证普济本事方》，还有杨士瀛《仁斋直指方》里，都有专门以木瓜配伍的药方。

木瓜有着治疗风湿痹痛的神奇效用。许叔微在《本事方》中记载了一则案例：安徽广德人顾安中脚腿肿痛，在乘船回家的途中，偶然将两腿架放在一包装满木瓜的货物袋上休息，下船时竟然发现脚腿肿胀程度已大为减轻。顾安中又惊又喜，回家后便买来木瓜将其切成片装于布袋中，每日将脚搁在上面，不久之后他脚腿肿胀的毛病彻底痊愈了。

金元明时期的医学家也多有医论提及木瓜的药效，名医李东垣在《脾胃论》中说："木瓜，气脱能收，气滞能和。"

木瓜粉外用美容养颜排毒的功效也早早就被爱美的古代仕女们开发出来。晚唐段成式的《柔卿解籍戏呈飞卿三首》诗中就有"良人为渍木瓜粉，遮却红腮交午痕"的描写。苏轼的《格物粗谈》也谈到以木瓜退柿涩的妙法：柿子未熟摘下置于篮中，放入木瓜三枚，"得气即发，并无涩味"。这说明宋代已经知道熟木瓜能释放出一种特殊的气体（后证明是乙烯），可催熟柿子。

菏泽人历来珍爱木瓜，爱好药酒养生保健的旧派人也习用木瓜制成药酒饮用：以木瓜（晒干的木瓜干）为主药制成的木瓜酒，具有除风去湿、散瘀活血的功效。将内盛木瓜酒的特制大玻璃药酒瓶摆放在房舍中堂条几或八仙桌上，朋友来了显摆一下，也是旧派菏泽人的一种时尚。

木瓜在菏泽民间，有"降龙木"的称呼。北宋至今，菏泽地方一直流传着杨家将巾帼英雄穆桂英用降龙木大破"天门阵"的故事。据说，辽国元帅萧天佐乃小白龙转世，宋辽对峙，萧天佐摆下毒瘴弥漫的天门阵，下战表扬言宋朝人若能破此阵，辽国臣服纳贡；破不了，辽国便大兵压境攻城略地。穆桂英临危受命挂帅征辽，因天门阵中毒气遍布，初次交战杨家将伤亡惨重，紧急关头五台山出家为僧的杨五郎暗谕：唯降龙木可破此阵。降龙木就是木质坚硬的木瓜树，而"雷泽之乡"（即菏泽）盛产此木。穆桂英来到雷泽，果然看到成片成片的木瓜树林，树上结满了木瓜果。穆桂英将天门阵的破阵之法晓谕雷泽父老乡亲，通语大义的雷泽父老乡亲砍了木瓜树枝助力穆桂英，杨家将手拿抹着熟木瓜浆的木瓜枝驱赶毒气，上下齐心攻破了天门阵。

这也从侧面证明宋代木瓜在菏泽早已有大规模的种植。北宋初年，籍贯菏泽的著名诗文革新运动的先驱王禹偁就曾写过两首与木瓜有关的诗："我向商山占断春……莫对西施更学颦。"（《海棠木瓜二绝句海棠赠木瓜》）"莫夸颜色斗扶疏……只因投我得琼琚。"（王《海棠木瓜二绝句木瓜答海棠》）这两首诗简直是一场木瓜与海棠互不相让、争奇斗艳的角逐对话。苏轼也曾步王禹偁"二绝句"意，留《海棠》诗"东风袅袅泛崇光""香露霏霏月转廊"进行应和。

王禹偁诗中提到的典故出自古今文人墨客咏诵不衰的《诗经·卫风·木瓜》："投我以木瓜，报之以琼琚……永以为好也！"这首产生于我们中原故土的民间乐歌，在春秋时期也应该算作晋平公乐师旷鄙责的所谓桑间濮上靡靡"新声"吧？菏泽西北包括现在的鄄城县、曹县西部、东明县，春秋时期都是卫国的属邑。据史书记载，当时濮水之滨非常开放，男男女女田耕劳作之余在大自然里自由接触，并不被看作伤风败俗之举。

"投我以木瓜，报之以琼琚"，木瓜作为爱与忠诚的信物，即是自这卫风诗什开始被定格。"木瓜"身上承寄的"爱人定情坚于金玉""臣子思报""友人馈赠礼轻情重"三种象征寓意逐渐成为"木瓜"意象的主流内涵。

《诗经·卫风·木瓜》也为2500多年前的春秋时期，菏泽木瓜已经在黄河中下游地区广泛栽种做了最好的注脚。试想，秋意浓浓的濮水两岸，年轻率性的先民们放下锄柄、承享丰收，月上梢头人约黄昏，远林近树水边，时不时传来圆润高亢的歌乐唱和，还有低低浅浅"投我以木瓜……永以为好也"喁喁情话，那该是多么时尚的田园风景。

北宋末年，另一位菏泽籍文学大家、"苏门四学士"之一的晁补之也曾写过跟木瓜有关的传世诗歌《白纻辞上苏翰林》，一共两首，其中一首是："白纻梦莫缉，纫兰作衣祛。朝兮日所暴，暮兮雨所濡。木瓜琼微物，期报乃琼琚。芳华辞甚妙，赠我不如无。"

这首诗是晁补之在扬州做通判时所作。当时晁补之送给老师苏轼白纻麻织的夏布作礼物，并步《诗经·卫风·木瓜》之意赋诗两首。扬州地方用纻麻织夏布再做成衣服的工序繁杂，白纻衣赠与老师就像我故乡曹州的木瓜投抱一样物微情重。别人赠送礼物大都需要投桃报李，而我只需要老师回赠一首芳华绝妙的词即可，颇有诗人以诗自荐的味道，文人的风雅可见一斑。巧的是，不久苏轼即去扬州做知州，正好和学生晁补之搭档共事。晁补之此诗的传世也给家乡木瓜的扬名重重一推。

明清时期，菏泽木瓜精品年年向京城进贡，四五斤重的大木瓜，颜色金黄、瓜形端正、香气浓厚，京城尊者不但喜欢赏其形、嗅其味，还让人给木瓜套上精美的枕套作枕头用，菏泽木瓜"御枕"品名就此而来。

菏泽城北的芦埚堆村，目前仍保有明成祖永乐年间种植、约500年树龄的老木瓜树，并且还在挂果……

（作者：王丽娟）

（二）推出学术研究成果

2020年10月，菏泽市政府出台了《菏泽市人民政府菏泽学院关于加快校城融合发展的意见》，作为菏泽地方建设智库、创新源，菏泽学院的地位和作用得到凸显。

以己之长依靠校内"创意写作"课程资源，为菏泽地方文化发展培育后备写作人才的同时，我们也开展学术研究。首先，我们进行本体论研究，包括"创意写作"的内涵、规律、特征，还有与文化创意产业链条的互动关系、社会动能转换等；其次，"创意写作"系统具体操作层面的研究，包括过程环节、组织实施等；另外，还有对社会和高校"创意写作"教育对接问题的研究，包括体系建构、课程设置与对接、实践训练方法与手段等。研究内容主要包括：研究创意写作课堂教学模式的承继与创新；研究创意写作课堂实践实训方案的规划与实施；研究创意写作课堂实践操作过程中"创意"与"写作"的关系；创意写作课堂"讨论、反馈"环节教师"主导"和学生"主体"地位研究等。通过以上的研究探讨，我们力求给我们处于起步阶段的创意写作课程实践以系统的学科理论支撑，从而把我们的"创意写作"引向深入。

我们目前所做的"创意写作"教学改革项目研究内容主要包括：创意写作课堂教学模式的承继与创新；创意写作课堂实践实训方案的规划与实施；创意写作课堂实践操作过程中"创意"与"写作"的关系；创意写作课堂"讨论、反馈"环节教师"主导"和学生"主体"地位；"创意写作"教学模式实施步骤中关于学生"分享与发表"的调查等。还有创意写作文体探究：文学性写作与非文学性写作的区别与联系，以及分体写作深化研究，等等。为创生理论性、实践性并重的系统"创意写作"学科做出积极、有意义的探索。

我们也催化出一定数量的教科研成果："写作教学理论的创造性转化"获山东省"高等教育教学成果三等奖"；"汉语言文学专业基于学生核心素养提升的课程体系建设的改革与实践"获 2018 年菏泽学院第三届优秀教学成果一等奖；"新媒体语境下'创意写作'课堂教学模式研究与实践"获批 2016 年菏泽学院校级教研立项；"'数据可视化新闻'课程建设研究"获批 2018 年教育部产学合作协同育人"师资培训"项目；"新文科背景下'创意写作'教学改革探索与实践"获批 2021 年教育部产学合作协同育人项目等。还有校际合作项目：参与浙江传媒大学校级课题立项"新媒体语境下创意写作能力培养之探讨"、参与广东科学技术职业学院"创意写作"教材编写。发表《创意写作课堂教学模式新探索》等多篇论文。在立足菏泽学院稳步开展"创意写作"课程建设的同时，课程负责人也常参加一些有关"文化创意产业"和"创意写作"研讨的高端学术会议，与全国各地高校"创意写作"同道沟通交流教学经验和教学心得，2016 年 10 月参加第十四届"海峡两岸文化创意产业高校研究联盟白马湖论坛"；2018 年、2019 年参加第四届、第五届"世界华文创意写作大会"及中国写作学会学术年会等。通过教学研究、参与地方科研机构课题研究，以及同行之间不定期的学术交流，教师们的学科视野也在日益开阔起来。

（三）开拓服务地方的创新路径

1. 开展跨学科学术研究

同济大学朱大可教授曾谈到创意写作的心理治疗功能：创意写作是"手艺"和"教养"，更能进行伤痛治愈。作为一种"治愈"，"创意写作"对心理学、医学的渗透作用越来越不容忽视，在西方国家，常与音乐、绘画、舞蹈、影视剧等艺术形式一起作为心理或生理疼痛康复治疗的二线手段使用。因此，我们既可以对创意写作进行艺术范畴内的学科交义疗愈研究，比如创意小说影视改编研究等；也可以对创意写作进行心理学、医学方面的跨学科研究，比如"情感创伤综合征"创意写作疗愈对策研究、创意写作对"网瘾"戒除或病痛康复的辅助治疗研究等，进一步开拓创意写作的社会服务研究领域。

2. 针对地方社区特殊人群开展创意写作"自疗"活动

丹麦哲学家克尔凯戈尔认为写作是最好的自我"治疗"方式。创意写作提倡用文字记录自己真实的生活和情感经历，把写作作为情绪和压力的宣泄口，通过写作解除心理负累。我们可以走进社区，针对有读写能力的特殊人群开展适度的写作"自疗"活动，比如鳏寡失独老人、更年期妇女、失婚女性、残疾人士等，利用"创意＋写作"授课形式，通过一些有的放矢的话题像"我的伤痛经历""最难忘的一件事"等，引导并鼓励他们写作触及内心伤痛记忆的文字，释放焦虑情绪，以便走出心灵暗礁，重拾自信，重构健康生活图景。

3. 针对"网游瘾士"开展创意写作"戒瘾"活动

互联网时代随着电脑、手机移动多媒体的普及，年龄跨越几代人的"网游"成瘾人士逐渐增多，自控能力弱、现实生活满意度低、社交障碍症等是"网游"成瘾的主要原因，一些人对"网游"的沉溺已严重影响到正常工作、生活和身心健康，同时也伴随着想要摆脱但无力自拔的苦恼。我们可以配合地方医疗机构"戒瘾"中心，针对有戒瘾意愿的"网游瘾士"，开展互联网线上与线下相结合的写作"治疗"工作。根据有戒瘾意愿人士的性格特点，量身设计一些题目发放给他们，比如"我的'网游'成长经历""我的'网游'苦恼"等，鼓励他们敞开心扉，用文字进行自我分析、评判，助力不良习惯戒除。

（说明：王丽娟同名论文《"创意写作"服务菏泽地方文化的创新与实践研究》，原载《菏泽学院学报》2022 年第 3 期，有修改。）

参考文献

[1] 王丽娟. 曹州记忆 [M]. 天津：天津人民出版社，2022.

[2] 朱熹. 朱子语类 [M]. 武汉：崇文书局，2018.

[3] 施耐庵. 水浒传 [M]. 成都：巴蜀书社，2018.

[4] 余秋雨. 中国文脉 [M]. 武汉：长江文艺出版社，2017.

[5] 严羽. 沧浪诗话 [M]. 北京：中华书局，2016.

[6] 徐复观. 中国文学论集续篇 [M]. 北京：九州出版社，2014.

[7] [美] 马克·麦克格尔. 创意写作的兴起 [M]. 葛红兵，等译. 桂林：广西师范大学出版社，2012.01.

[8] 朱光潜. 谈美书简 [M]. 武汉：长江文艺出版社，2008.

[9] [法] 奥古斯特·罗丹（述），葛塞尔（记）. 罗丹艺术论 [M]. 傅雷，译. 济南：山东画报出版社，2008.

[10] [美] 希利斯·米勒. 小说与重复：七部英国小说 [M]. 工宏图，译. 天津：天津人民出版社，2008.

[11] 李渔. 闲情偶寄 [M]. 北京：中国纺织出版社，2007.

[12] 张明林. 唐宋八大家文集（全四卷)[M]. 北京：中央民族大学出版社，2002.

[13] 刘勰. 文心雕龙 [M]. 杭州：浙江古籍出版社，2001.

[14] 曹雪芹. 红楼梦（高鹗续）[M]. 沈阳：辽宁古籍出版社，1997.

[15] 朋羽. 外国民间故事 [M]. 哈尔滨：哈尔滨船舶工程学院出版社，1994.